良法善治

幸福的守护神

杨 真◎著

台海出版社

图书在版编目（CIP）数据

良法善治：幸福的守护神 / 杨真著 . -- 北京：台海出版社，2020.11

ISBN 978-7-5168-2695-9

Ⅰ . ①良… Ⅱ . ①杨… Ⅲ . ①社会主义法制—建设—研究—中国 Ⅳ . ① D920.0

中国版本图书馆 CIP 数据核字（2020）第 153927 号

良法善治：幸福的守护神

著　　者：杨　真

出 版 人：蔡　旭
责任编辑：赵旭雯

出版发行：台海出版社
地　　址：北京市东城区景山东街 20 号　邮政编码：100009
电　　话：010 — 64041652（发行，邮购）
传　　真：010 — 84045799（总编室）
网　　址：www.taimeng.org.cn/thcbs/default.htm
电子邮箱：thcbs@126.com

经　　销：全国各地新华书店
印　　刷：旭辉印务（天津）有限公司
本书如有破损、缺页、装订错误，请与本社联系调换

开　　本：880 毫米 ×1230 毫米　1/32
字　　数：175 千字　　印　　张：8.5
版　　次：2020 年 11 月第 1 版　　印　　次：2020 年 11 月第 1 次印刷
书　　号：ISBN 978-7-5168-2695-9

定　　价：49.80 元

自序：愿世界被良法温柔以待

法律有良法和恶法的区分。所谓良法，就是捍卫人们的权利和自由，防止暴政，制裁犯罪，维护正义的法律；与之相对应的是恶法，恶法就是维护独裁专制、维护暴政、侵害人权、肆意剥夺人们的自由、损害正义的法律。有人曾经提出，恶法具有包括不符合多数人的意志、不符合大多数人的利益、不利于生产力的发展等显著特征。这也是我们用来区分良法与恶法的依据。

有的人说："要想建设法治社会，就必须做到全民守法，如果人人不守法，就会天下大乱。"此话并不全面，它主要是从守法者的角度来论述的，这种说法带有一种专制思维，而且有把人民当作乱民的倾向。纵观中国历代王朝的垮塌，有几个是因为老百姓主动破坏法律发动暴乱导致的？一个都没有。无一例外是统治阶级那一系列恶法所造成的。统治者一直保持一种高高在上的姿态，毫不考虑普通老百姓的感受，只根据自身的利益需求来制定法律，以致于各种各样的矛盾长期累积无法得到合理有效解决，最终，只能尝自己种下的苦果。古人云：得道多助，失道寡助。"得道"和"失道"的根源是什么？就是良法和恶法。正如苏轼教导儿子忠君爱民的真正含义："民有错吗？民无错；君有错吗？君有错。忠君实是忠民、忠道，对一家一姓一人之君，不可愚忠，更不可死忠。故民在先。"犹记得电影《武状元苏乞儿》中的周星驰对皇帝说过这样一句话："丐帮有多少弟子不是由我决定而是由你决定的，如果你英明神武，使得国泰民安，鬼才愿意当乞丐呢。"这些典例深刻阐释了以民为先的内涵。

我国正是深深意识到了这一点，因此党的十八大提出"科学立法，严格执法，公正司法，全民守法"这新时期法治建设的十六字方针；十八届四中全会进一步阐明，"法律是治国之重器，良法是善治之前提"。习近平又指出：法律法规要树立鲜明道德导向，弘扬美德义行，立法、执法、司法都要体现社会主义道德要求，都要把社会主义核心价值观贯穿其中，使社会主义法治成为良法善治。因此可见，现在的法律绝不单纯是一个管控人民的工具，而是约束国家权力，维护人民利益，促进社会和谐稳定，保证公平正义的守护神。

良法善治，是历史潮流的迫切需要，是国家发展的根基，体现了全社会的共同意愿。良法是法治的价值追求，善治是法治的运作方式。其主题之一在于规范公权，保障私权。私权是天赋的，公权不是从来就有的，私权先于公权出现。只有充分重视人民群众的根本利益，将人权保护落到实处，公权才会更稳固，才会更好、更顺利地得到推行。同时，稳固的公权可以保障私权的顺利实现，而不是让私权成为空中楼阁。

"法令者，民之命也，为治之本也。"现今的主流观点是：法律不仅仅要具其"形"，更重要的是有其"神"，真正的法治是人民的法治，依"法"而治不是关键，最重要的是能够依"良法"而治，只有在良法的指引之下，才能更好地造福于民，赢得人心，把我国建设成为一个真正的法治天堂。近些年修改的《环境保护法》《大气污染防治法》《广告法》，植入了公平正义的法理，反映了真正以人民利益为重，摒弃以GDP论英雄的执政理念，毋庸置疑，这不仅是法律制度的发展，更是向法制社会迈出的一大步。在新《环境保护法》的修订中，规定了按日计罚，向上不封顶等更严厉措施，加大了政府责任，并进一步完善了监管机制。从中，可以看出我国在环境保护方面的决心与力度，与时俱进的精神和让法律日臻完善的态度。

良法善治的思想理念，在我们生活中的方方面面均可以得到运用。本书所讲述的“良法”，应做最广义的理解，它不仅指国家机关制定的法律规范性文件，还包括社会上所有组织、单位中的制度、规则，以及我们内心的公理、信仰，还有一套人与人之间相互交往的处事原则。对我们每个人而言，后者与前者同样重要。如果说，法律具有强制性，那么公理、信仰、处事原则就带有明显的自觉性和自我规范性，内心所秉承的东西往往会影响到一个人的行为方式和对待事物的态度。人处于社会之中，对于一些是非曲直的判断都会形成自己的标准，但这个标准不能有违公理，渐渐地，对于什么事情该做，什么事情不该做，都会有一个比较清楚的认知。

经济建设需要“良法”。经济建设是我国基本路线的核心，是现今工作的重中之重，经济强大了，科技、文化、国防才有了深厚的土壤，我国才能真正在国际舞台上拥有话语权。几十年来，我国取得了令世界惊叹的成绩，但也要看到我国仍处于社会主义初级阶段的基本现实，我国经济总量位居世界第二，但人均 GDP 并不占优，在奔向共同富裕之路上还有很长的路要走。经济发展需要良法的理念加以规范，我们不能唯 GDP 马首是瞻，不能过于迷恋一些账面数字的提高，不能一味求速求快而忽视真正的质量，而是要大力推进全面、协调、可持续的科学发展，坚持以人为本，转变经济增长模式，更加注重科技创新、文化传承、环境保护，改善人民健康状况，努力促进社会公平正义与和谐，优化绩效考核，用良好的制度加以约束，求真务实，不图虚名，坚决杜绝劳民伤财的东西。否则，人民的幸福感就无法得到提升，经济建设便达不到良好初衷愿景。

企业需要“良法”。企业是经济活动的最主要参与者，它的好坏直接关系到国民经济的发展和人民生活水平的改善。企业若不施行良法，看不到市场经济形势变化，故步自封，就不可能得到良好的可持续发展。有着良法的指引，才能以此招来理想的员工，充分调动来自各方的积极干劲，最终实现效益的提升。一个企业的衰亡，绝大多数是领导层无“良法”、无“善治”引起的，几乎不可能是员工“不守规则”所造成的。韩非子说：“且夫物众而智寡，寡不胜众，智不足以遍知物，故因物以治物。”企业的“法”，即企业的各项制度就是管理企业的手段和工具，良法是企业文化的重要构成部分，是企业生存的根基。“恶法”不仅会打击员工的积极性，甚至会让他们对发展丧失信心，失去了信心等于没有了精神支柱，谁还会去为企业贡献力量呢？简而言之，不是市场不景气，而是脑袋不争气。企业若对良法没有一个清醒的认识，只关心如何以较少的投入实现短期最大的产出，只看中暂时的经济效益，没有长远眼光，不去思考构建自身的软实力，发展之路注定不会长远。

教育需要“良法”。百年大计，教育为本，它是民族振兴和社会进步的基石。我也深知良法对于每一所学校、对于每一个学生的重要程度。学校应当在教室和宿舍环境、食堂、图书馆、田径体育设施、网络电信等方面提升硬件水平，更有必要在教学质量、师资力量、管理制度这些软件层次下大功夫。学校的“法”，即为学校的教学和管理制度。对于学生来说，良法能够给予他们更多成长的空间，学得更多更好更实用的本领，以有足够强劲的资本立足于日趋竞争激烈的社会，而不是束缚。如今的学生越来越有自己的思想，他们特立独行，却又涉世未深，学校的制度不能是冰冷的摆设，而应为有温度的良法，真正设身处地为他们考虑。现在的竞争归根到底是人才的竞争，若不能以良法治校，没有一个正确的教育管理观念，便造就不了德才兼备的教授，无法为社会输送源源不断的优质人才，与世界一流大学的建设也会渐行渐远。家庭教育则更为关键，好妈妈胜过好老师，对于孩子而言，家长当然有着绝对权威，但这种权威不能演变为无休止的专制，只有不断学习，不断完善自己的育儿经，才能取得“窦燕山，有义方，教五子，名俱扬”的良效。

国际社会需要“良法”。正如我们每个人都需要知晓和遵循社会的普世价值，每一个国家也要遵守国际法治以及其他最诚、最善的行为规范。美国著名的国际法学者路易斯·亨金教授曾经说过："在各国关系中，文明的进展可以被认为是从武力到外交，从外交到法律的运动。"世界上有 200 多个国家，矛盾争端不可避免，这就需要相关的法律制度来加以协调和约束。良法对于大多数国家而言是保障，当合法权益受到侵犯时，可以寻求国际法律的援助支持；但是，对于某些心术不正、妄想称霸世界的国家来说，良法就成了束缚。"二战"时期，希特勒公然违背国际条约，造成了上千万的杀戮，但最终逃不过法律的制裁。作为国际法最主要渊源的国际条约应当是国际正义的体现，只有自觉遵守、维护，并不断发展，国家间的交往联系才能得以正常进行。如果任凭自己的意志为所欲为，肆意侵犯他国的主权和领土完整，那么整个世界就会动荡不安，没有秩序可言。

作为社会组成部分的每个家庭和每个个体，也需要"良法"。"无规矩，不成方圆"，很多人对于善与恶根本没有评断的标准，可能会随波逐流、人云亦云，此时，规矩与原则的出现就是一种必要。自古以来，规矩是一种约束，一种尺度，也是一种自制力，一个没有良法意识的人，可能会任凭自己的意志胡作非为，这就要求我们树立正确的权利义务观念，培育社会主义公民意识。格物、致知、诚意、正心、修身、齐家、治国、平天下，这依靠的都是每个人心中的"良法"。良法，也许在眼前，也许在未来，但只可能迟到，绝不会消亡，它似红日般和煦，又如明月般皎洁。人的一辈子会经历很多很多，良法就是一盏指路明灯，为你照亮前进的方向而不会走入歧途；良法就是你心中久违的"桃花源"，在受挫之后得到心灵的平和、自由与洒脱，才能游刃有余，处变不惊。没有良法的指引，人生注定会艰难无比，找不到准确定位，做人做事无法成功。

……

当然，我们承认现今社会还存在着不少令人头疼的问题，不可能事事令人满意。有这样一个流行段子表达了“80后”“90后”的心酸无奈：

我们这一代人到底惹了谁？

当我们读小学的时候，读大学是不要钱的；当我们读大学的时候，读小学是不要钱的。

当我们还没工作的时候，工作是分配的；当我们可以工作的时候，撞得头破血流才勉强找份饿不死人的工作。

当我们不能挣钱的时候，房子是分配的；当我们能挣钱的时候，却发现房子已经买不起了。

当我们没有进入股市的时候，傻瓜都在赚钱；当我们兴冲冲地闯进去的时候，才发现自己成了傻子。

当我们没找对象的时候，姑娘们是讲心的；当我们找对象的时候，姑娘们是讲金的。

但是，我们不应该因为社会存在一些残酷与冷漠，就习惯戴着有色眼镜去衡量周围的人和事。应该看到，这个世界还是在不断前进，我们应当学会用心感受萦绕在身边的美好。此时，我完全可以这样说：

我们出生起就生活在宽敞整洁的楼房里；父母小时候只是住小平房甚至茅草屋的。

我们现在可以随心所欲使用手机电脑高科技；父母年轻时只能寄信件和发电报。

当我们上学的时候，查阅各方资料十分便捷；父母上学的时候，可用资源却十分受限。

当我们想出国了，可以背起行囊说走就走；父母年轻时想出国了，只能在梦里找找感觉。

我们可以经常逛街游玩品尝山珍海味大鱼大肉；父母小时候，能够填饱肚子就已是心满意足。

身处在这个时代之中，社会为每个人提供了一个大舞台，我们可以自由地展示自己，尽情发挥所拥有的才华，因此，这是迄今为止最好的一个时代，而且未来世界也将胜于我们的现在。与过去相比，无论是物质生活还是教育水平，毫无疑问，我们是幸运的。如果时光可以倒流，让你回到数十年前的社会去生活，你愿意吗？其实，换一个角度，就是换一种心态，而心态就决定了处理事情的行为方式。我们不能妄自菲薄，眼前的困难只是暂时的，好多问题只是现今发展阶段的必然出现，不论是经济还是法治建设，我们有理由相信看似高不可及的难关定会被一个接一个地克服。这些困难有时会被无限制地放大，然后令我们慢慢丧失战胜的信心，其实，它们并不是无法打败，只要我们保持一往无前的心态，定能取得成功。塞翁失马，焉知非福，乐观的人在看待事物时态度是积极向上的，而悲观者只会沉沦于过去的抑郁之中。从这些不快乐的事情中跳出来，自有另外一种云淡风轻，但得夕阳无限好，何须惆怅近黄昏呢。

我认为，只要自己过得好，就是为全世界做出了贡献。当然，这只是我的个人判断，同时，有我自己充足的理由。世界上有七十亿人口，我们每一个人只是如尘土般卑微的七十亿分之一，想想看，七十亿分之一是多么渺小，如同长河中一滴晶莹的水珠，太微不足道了。可要知道小河有水大河才能满，大河的源头活水，不正是千千万万条小河汇集而成的结果吗？全世界的和平与发展，难道不是世上每一个人共同作用才得以不断推进的吗？即使自己是很平淡甚至平庸，但只要真诚对人，做好本分之事，不去嫉妒别人，这不就是给世界贡献了七十亿分之一的力量吗？如果我们更有作为一些，照顾好最亲最爱的人，并给身边有限的人们带来有限的帮助，这不是做出了七十亿分之二、七十亿分之三乃至更大更多的贡献吗？我们不能小看个人的力量，每一个人都是无法替代的，每个人的潜力都可以是无穷的。就如同中国的巨变，从原先的贫穷弱国发展成为世界强国，这里面需要的是所有中国人的努力，一个人的力量看起来渺小，但是所有人凝聚在一起，形成合力，必然能构筑起宏大的盛景。

春夏的北京，百花齐放，生机盎然，令人情迷。雾霾渐渐少了，晴天渐渐多了。我想，良法就像这人间四月天一样，给人以爱、以暖、以希望，以最浓烈的幸福感。当前的中国正处于转型时期，无论是经济、政治还是文化，都处于不断的发展变化之中，良法从来都是我们不懈追求的目标，“法律是治国之重器，良法是善治之前提”。良法善治就是在荫泽着一代又一代人，是国家的兴旺所在，企盼的未来所在，是实现我们每一个人内心“中国梦”的不断源泉和活力所在。

最后，就让我用林徽因的这首诗来表达我内心对良法的深深眷恋：

我说你是人间的四月天；
笑响点亮了四面风；
轻灵在春的光艳中交舞着变。
你是四月早天里的云烟，
黄昏吹着风的软，
星子在无意中闪，
细雨点洒在花前。

目 录

CONTENTS

第一章 得良法者得天下

第二章　良法善治与“大家”和“小家”

第三章　良法善治与经济建设

第五章　良法善治与大学教育

第六章　良法善治与社会和平稳定

第七章　良法善治："平衡"与"重点"的关系

第一章
得良法者得天下

人民群众对立法的期盼，已经不是有没有，而是好不好、管用不管用、能不能解决实际问题；不是什么法都能治国，不是什么法都能治好国；越是强调法治，越是要提高立法质量。——习近平

法律之下，应有天理人情在。——安提戈涅

政府的目的是为人民谋福利。——洛克

人民的福祉是最高的法律。——西塞罗

法律的制定是惩罚人类的凶恶悖谬，所以法律本身必须最为纯洁无垢。——孟德斯鸠

你要求公正，公正是干什么的，是为了达到幸福；你的秩序，你的人权，你的权利保护，都是为了使人民群众生活达到幸福，所以应该将幸福感作为法律的一个终极性目标，这个目标可以把前面那些目标都吸进来。——刘作翔

细细品读我国法律的每一条文，你可以发现，它们几乎都是与我们内心的情感、社会的正义与公理相吻合的。——笔者

恶法，表面上符合了法律的特征，但实际上是腐朽势力用来

维护自己反动统治的工具罢了。——笔者

一、良法与恶法的撞击

恶法亦法和恶法非法是千百年来法学家争议不断的话题。这个问题，是法律与道德的关系争论，更是实证分析法学派和自然法学派的根本分歧。实证分析法学派主张无涉说，认为法律与道德这两者没有必然联系，法律就是国家制定的实在法，即使是再怎么不道德的法律，但只要是权力机关制定，它就是法律，即“恶法亦法”。该派的代表人物是英国法学家约翰·奥斯汀，他认为：法律只应研究实在法，也就是“实际是这样的法”，而不应像自然法学家那样研究“应该是什么样的法”，法就是法，与道德没有必然本质的联系，法之为法在于其源于国家的立法，而不是道德规范等“外界因素”。实证分析法学派一直强调法律权威，认为“命令”“主权”“制裁”是不可缺少的三个要素，既然规则摆在那里，就必须服从，即使是邪恶的法律，也不会失去作为强制性命令的性质。

自然法学派的代表人物很多，包括格劳秀斯、孟德斯鸠、卢梭、洛克等著名法学家。自然法学派特别重视和强调法律的应有价值，自由、仁爱、公义、理性，认为法律必须符合社会历史的发展潮流。它主张包容说，并认为法律和道德有天然不可分离的联系，法律应当合乎道德，不合乎道德的法律不应该叫作法律，即“恶法非法”。因此，自然法学派的法学家大多主张“良法之治”，柏拉图在其《理想国》中直接把道德正义作为法律正义的前提。不仅如此，新自然法学派的富勒在《法的道德性》中指出了法律的内在道德性的八项原则：“一般性，即普遍性；公布；非溯及既往；明确；不矛盾；可为人遵守；稳定性；官方行为与法律的一致性。”这八项原则也构成了现代法学界的主流思潮。

（一）苏格拉底之死

古希腊哲学家苏格拉底，由于学术思想活跃，经常抨击雅典政治制度，一向激进的他与雅典统治者产生了不可调和的矛盾，之后被人指控企图毒害青少年，犯有叛国罪，毫无依据地被判处死刑。临刑前夜，他的学生买通狱卒，准备帮助他越狱。他的一个弟子克里同劝说苏格拉底：“雅典的法律是多数人的暴政，毫无正当性可言，我们根本没必要遵守它，所以赶快跑吧。”苏格拉底反问道：“法律虽然是荒谬的，但越狱就是公正的吗？对一个被判有罪的人来说，虽然这个判决是荒唐、可叹又可恨的，但是，我们仍然有义务服从，怎可因我造成国家秩序的大乱啊。”因此，苏格拉底断然拒绝了逃生的机会，选择慷慨赴死。

第二天，这位伟大的思想家毫无惧色，向窗外望了望无比眷恋的城邦，端起狱卒递来的毒酒，一饮而尽，含笑而逝。他坚贞笃行，要留清白在人间，不愿落得个抗法脱逃的罪名以致晚节不保，而是用自己的生命向世人证明了恶法亦法的法理取向，为了心中永远不变的准则殒身不恤。

只要在形式上符合法律的构成要件，就请人们遵守，至于法律是好是坏，这不能成为违抗的借口，否则，就没有人守法了。在苏格拉底眼里，国家制定的法律必须服从，因为这是一种责任，如果不服从，就必须得到应有的制裁。

苏格拉底之死

14 年后，雅典人幡然悔悟，终于为他平了反，原先控告苏格拉底的三个人得到了法律的制裁：一人死刑，另外两人被逐出境，最终，苏格拉底获得了公正的对待。从“苏格拉底之死”也可以看到恶法亦法产生的后果，葬送了一位伟大的哲学家，是雅典的悲剧，更是希腊的悲剧，他的死给民主、法制、公正、自由的价值观念蒙上了阴影，为后人留下沉甸甸的思考。人们不停地追问，一个堪称民主和言论自由的城邦，为什么会审判并处死一个根本没有任何罪行的人。苏格拉底对西方哲学的发展有着深远的影响，他一生都在不断探索真理。苏格拉底为“恶法”赴死，其震撼更甚于他在哲学领域的突出贡献。

（二）纽伦堡审判

但我们要看到的是，苏格拉底所处的时代，是两千多年前黑暗的奴隶社会，那时候的专制思想极其严重，下面这个故事会从根本上扭转人们对法律的看法。

纽伦堡是德国一座美丽的城市，湖光山色，烟波浩渺，令人心醉，这里的人们过着安定平静的生活。但是，1945 年 11 月 21 日至 1946 年 10 月 1 日期间，由第二次世界大战战胜国对轴心国的各级战犯进行的数十次审判在这里进行，这次世纪大审判让纽伦堡走进了世人的眼中。

第二次世界大战结束后，那些罪恶累累的战犯被送上了审判庭。德国法西斯造成了上千万的杀戮，尤其是那臭名昭著的集中营，他们给世界人民带来了黑暗，多少人为此付出了生命的代价，多少家庭妻离子散，这些战犯的罪行罄竹难书，被人们牢牢铭记。

如何终结这场人类历史上从未有过的暴政，是当时面临的一个重要挑战。面对指控，战犯说：“我们只是在奉命行事，执行国家指令，何罪之有啊？”他们纷纷拿“执行法令不算犯罪”来为自己开脱。还有一些普通德国士兵认为，自己虽然参与了战争，但只是作为一名德国公民履行自己保卫祖国的义务而已，不是犯罪行为。纳粹反动精神早已深入这些战犯的骨髓之中，明明罪恶滔天，却死活不认罪。

然而，邪不压正，大法官给他们来了当头一棒——这样一部践踏生命与权利，完全与人类文明、理性、道德相违背的法律，根本无法称之为正常的法。每个人都有判断是非的能力，有不服从恶法的义务，任何一个有良知的公民都不会执行这样一部恶法，这是早已被世界文明所公认的事实。纳粹战犯固执地认为自己的做法无比合理，这样的态度未免令人心寒，他们所谓的执行命令不过是建立在葬送他人生命的基础上，因此，随意执行恶法必须要受到法律制裁。而后，公诉人提交了大量证据和控诉材料——黑乎乎的牢房里，每个人的眼里充满惊恐和无助，悲怆的气息充斥着整个牢房。随着党卫队一声令下，数十挺机枪“突！突！突！”地开火，接着，尸体被投入焚尸炉化为灰烬……他们看完后，顿时大惊失色，任何狡辩都已是徒劳。

纽伦堡审判现场

最终，纳粹战犯都得到了应有的下场，12 人被判绞刑，其余人被判无期、有期徒刑不等，为他们罪恶的一生划上了一个句号。对于世界人民来说，这是一场正义的胜利，意味着同纳粹彻底划清了界限。的确，历史重新翻开新的一页，这一页上应该写满深深的思考和沉甸甸的教训。德国人历来以严谨、遵守规则而著称，但盲从会害人害己，基于此，德意志民族开始了对历史的反省。

在这场审判中，纳粹的暴行被暴露在阳光之下，然而我们更不能忽视的是，它们大多穿着合法的外衣，这就使得更多的人开始深思。实证分析法学派认为法律就是法律，不用考虑其道德要求和内在价值，这样的观点使德意志整个民族都无力抵抗被纳粹“合法化”了的暴行，更让一些德国士兵充当了犯罪的工具而全然不知。正如纽伦堡审判中的首席检察官罗伯特·杰克逊所说：“对全世界来说，判决的重要性并不在于它怎样忠实地解释过去，它的价值在于怎样认真地警戒未来。”我们究竟应当从这次世纪大审判中懂得什么道理呢？那就是——恶法非法，你虽然执行了国家的法律，但你违背了全人类最崇高的法律准则。

从此之后，世界重新开始检视现有的法律体制和法学理论，对于法学界来说，纽伦堡审判是一次重大突破，它标志着自然法学派的再度兴起。由此开始，自然法学派取代实证分析法学派，成为时代的主流。

由联合国国际法委员会制定的《纽伦堡原则》中提到，国内法即使不处罚国际法罪行，也不能作为行为人免除国际法责任的理由；依据政府或上级命令行事者，假如他能够进行道德选择，就不得免除其国际法责任。这就打破了“军人以服从命令为天职”的绝对神话，军人在执行任务时，他不仅仅属于部队，也是一个独立的个体，能够进行基本的是非曲直判断与选择。当统治者的命令显然违背基本人性和正义时，所有的执行者必将受到惩罚。服从命令，不能成为豁免其法律责任的理由。即使是军人，因为接受军事命令而犯下罪行，他也将承担作为一个人的法律责任，没有豁免权。即“内法不得对抗外责”，如果你的长辈或上级要求你去做非法之事，你能以“执行法令”为由而逃脱惩罚吗？服从命令听指挥是你的任务，但不得损害他人合法利益是必须遵守的一个前提，这也类似于民法常讲的“内部约定不得对抗善意第三人”。

（三）现代法治的精髓

亚里士多德的这句话被奉为现代法治的精髓：“法治应包含两重含义，已成立的法律获得普遍的服从，而大家所服从的法律又应该本身是制定的良好的法律。”这才是真真正正地道出了法治的真谛，即使经过了两千多年的风雨沧桑，却在一代又一代法律人的传承和发扬之下，不断绽放出新的光华。因此，法治之下的法律必须是自然、公正的良法，它能够尊重人类公认的文明准则，符合国际法的精神，符合广大人民的根本利益。

亚里士多德

没有强制力的法律是一把不燃烧的火。如果良法得不到贯彻落实，它就是个“植物人”。由国家强制力保证实施是法律区别于道德和其他社会规范的最重要特征，任何一部法律的制定都是为了更好执行，单凭内心的道德自律去守法是根本靠不住的，需要有具备强大说服力的机构去监督。列宁说：“如果没有一个能够迫使人们遵守法权规范的机构，法权也就等于零。”无人守法，会使得政府的权威性大大降低，犯罪分子会无所顾忌，接下来就产生多米诺骨牌式的破窗效应，会使守法者迅速蜕变为违法者。这类“软法”不具备法的基本特征，此时人民守法只靠内心道德作为支撑，法律就和道德没什么区别了。1972 年发生在美国的“水门事件”，尼克松总统遭到弹劾，联邦最高法院丝毫不给这位大总统面子，甚至要以妨碍司法的罪名追究其刑事责任，后因尼克松主动辞职，才不了了之。法治的本质是权力受制于法律，即使你身居总统之高位，万人之上，也应在二者之下。二者谓谁？上帝与法律也。每个人都应在法律的范围内行使他所被赋予的权力。

象征法律的神兽獬豸（音 xiè zhì），相传它能辨曲直、识忠奸，是公正的象征。

相反，法虽然得到实实在在的执行，却是一个恶法，它实则是个“精神病患者”，而且是个完全丧失控制行为能力的“人”。这给恶法穿上了一层冠冕堂皇的外衣——执行恶法而不会受到处罚，这与精神病患者杀了人而不受刑事追究何其相似。这样一来，社会伦理、道德规范被统统放置在一边，只留下一个

“武疯子”四处作乱，这样的结果光想想就不寒而栗。九阴真经是金庸小说中最宝贵的武功秘籍，它包含上下两部，没有上部的基础而直接强练下部，则会走火入魔，一身盖世武功与自己彻底绝缘，自己会变成一个实实在在的疯子。一个人成为疯子并不可怕，可怕的是整个社会都陷入一种“癫狂”状态，这绝不是危言耸听。纳粹就是很好的例证，原本温文尔雅的德国人变成了杀人不眨眼的恶魔，他们用“服从命令乃军人天职”的口号来做掩护，成为置身法外的杀人机器。这是历史，更是现代和未来社会发展的警钟。

（四）良法与经济秩序

《威尼斯商人》是莎士比亚四大喜剧之首。它的主要情节是这样的：巴萨尼奥爱上了美丽的姑娘鲍西娅，他的朋友安东尼奥为了成全他们的婚事，不得不向犹太商人夏洛克借钱。平日里安东尼奥为人慷慨，借钱给穷人且经常不收利息，这破坏了夏洛克的生意，他便怀恨在心，趁此机会与安东尼奥约定，如果到期不还钱，就在安东尼奥的身上割下一磅肉。但孰料天有不测，商船遭遇风暴，安东尼奥真的无法按时还钱。夏洛克笑逐颜开，这下可算有机会置他于死地了。虽然安东尼奥愿接受多一倍的罚款，但夏洛克就是不肯答应，非割肉不可。无奈，只有上诉法院以求解决。

那位才貌双全的鲍西娅小姐扮作辩护律师出现在法庭上，机智的她说：“法院应当判决原告胜诉，契约是不可违反的，夏洛克有权割肉。”夏洛克顿时乐得合不拢嘴，举刀准备扑向安东尼奥。可鲍西娅语气一转："你割肉可以，但合同中没说流血，如果流一滴血的话，你就是违约，你就是蓄意谋杀，按照威尼斯的法律你的财产要全部被判充公。"夏洛克顿时瘫倒在地……好人坏人各得其所，这场"割肉还债"故事最终以正义的胜利而告终。

在这部作品中，莎士比亚用犀利的笔触反映了资本主义早期商业资产阶级与高利贷者之间的矛盾。这种矛盾通过夏洛克和安东尼奥就可以展示出来。夏洛克贪婪吝啬、爱财如命、阴险狡诈，而安东尼奥真诚善良、仗义疏财，二者之间形成了鲜明对比。它的主题便是赞颂仁义、爱情与友谊，每当人们读起它时，总是唾弃夏洛克的残暴，同情下层人士的境遇，夏洛克被讽刺为世界四大吝啬鬼之一，这和人们的仇富情绪不无关系。有人说，《威尼斯商人》用生动的法庭对抗场景提出了海外贸易和犹太人放高利贷等经济问题。现在，暂且不考虑经济问题，只要我们细细品读，就会发现它蕴含着极为深厚的法学真理。

欠债还钱，有约必守，这是天经地义的事情，举债要写欠条立契约也是普遍存在的做法，夏洛克和安东尼奥本身就有约在先，规定过期不还就要"割肉还债"。如果仅按照合同精神，夏洛克的要求是于法有据的，而鲍西娅完全是在胡说八道，是一种地地道道的强盗逻辑，如果法官都像她这样进行推理的话，非天下大乱不可。割肉不可能不流血，这是尽人皆知的常识，根本没有必要再将不得流血的内容写入合同，不得流血的说辞也完全不能成为拒绝履行合同的抗辩理由。否则，若一个人因罪而被押送刑场等待枪决之时，被告的辩护律师完全可以大摇大摆走过来说："判决书上只写着判处死刑，而未提及停止呼吸，所以，行刑以后，被告若是没了气息，法院就是犯法。”

不管我们从《威尼斯商人》当中窥探出了多少致命的漏洞，更不管律师要求夏洛克在割肉时“不准流一滴血”这个条件中含有多少诡辩的色彩，莎翁的目的，是为了宣扬法律必须具备其应当具备的正义性。这也是他对缺乏人道的社会规则，添加的一点慈悲。法官明明知道夏洛克的契约完全符合法定手续，即使其中包含夺人性命的险恶要求，威尼斯的法律也不能把他驳回去。但是，鲍西娅一直在尽全力挖掘其中的漏洞，来帮助安东尼奥这个非法契约的受害者。她是聪明的，更重要的是满怀正义感，原本难以调和的矛盾，就在她的口中轻松化解于无形。在几百年前的那个时期，莎翁通过文学作品展示自己的法律理想，表达了对良法善治的憧憬，难道在发达的21世纪，我们不应当有一个更加突破性的进展吗？

经济与法律二者是相互促进的。一方面，经济基础决定上层建筑，作为上层建筑重要组成部分之一的法律自然也决定于经济，法律的制定、法律的内容、法律的性质、法律的重要特征以及法律的发展和变化，皆与经济社会现状休戚相关。另一方面，法律能够服务经济并长期推进经济的发展。当时的威尼斯已经是一座繁荣的商业城市，繁荣的背后是各项法律的支持，两者相互作用，共同推动城市的进步。意大利是文艺复兴的发源地，资本主义在这里率先兴起，自然对贸易讲究快捷、经济，因此，在这样的条件下，威尼斯势必会保护夏洛克的契约。契约必须遵守，这是每个人的义务，否则对商品经济、信用体系是极为不利的，尤其对于一个高速发展中的城市来说。不仅如此，契约也是私法自治原则、诚实信用原则在民法领域的重要体现，只要违约，就必须承担合同事先定好的违约责任，除非对方同意让步，否则根本没有妥协的余地。但是，民法中还规定了更为神圣的公平正义、公序良俗原则，任何案件的处理不得与公平正义和社会善良风俗相违背，这才是社会进步所真正需要的元素。

这让我们很自然地联想到生活中随处可见的合同。对于能够成立并生效的合同，必须满足若干条件：签订合同的主体适格，合同内容要合法，签订双方意思表示真实。其中，合同的内容是否合法，是否满足人类最基本的情理道德要求，渐渐成为人们重视的焦点。一纸契约就是交易双方的“法”，按理说必须遵守。可是，不道德的契约不具备法的性质，也就无法产生应当遵守的效力。约定优于法定是合同法的原则之一，有约定就按照约定，没有约定才按照法律，但这个约定绝不可能是无底线的。因此，我国合同法规定，违反法律、行政法规和损害公共利益的合同是无效合同，自始无效，绝对无效，比如贩卖毒品、交易珍贵野生动物，或是“擂台之上生死有命”之类对生命、健康造成损害的合同，均为无效。私有财产权与生命健康权发生冲突之时，前者必须做出让步，这在很大程度上保障了合同双方的法律权益，维护社会最基本的交易秩序。

二、恶法非法

（一）恶法实质上是被包装过的恶行

坚持恶法亦法，会成为一些人推行专制的手段和借口。西方有句法律谚语：“暴力也可能是戴着法律的假面具。”“恶法亦法”实际上是腐朽势力为推行专制、进行“洗脑”而找的一个借口，给专制统治披上一层合法的外衣，完全有打着法律的旗号来行卑鄙龌龊之事的可能。希特勒就是典型，他制定了《消除人民和国家痛苦法》《禁止组织新政党法》《保护德意志人民紧急条例》，加快了法西斯专政。坚持恶法亦法，跟“我就是王法”没有任何区别，因为腐朽的封建势力同样坚持恶法亦法。约翰·奥斯汀所处的年代，是资产阶级为了巩固自己统治地位而制法的年代，彼时强调“法律是主权者的命令”，即“法律命令说”，是符合当时潮流的，正迎合了资产阶级统治人民的需要，这就为人们遵守法律提供了理论基础。

只要坚持“恶法亦法”的观点，在实际适用中就有可能将所有的法律规定都变为“恶法”。统治者披着法律的外衣，就可以肆无忌惮地推行他口中所谓有益于人民的制度。社会上还流行这样的观点：“合情合理不合法的，必须依法办。”这个观念意味着，当“法律规定”与社会普遍认同的基本道理发生明显冲突时，只能讲“法”不能讲理。因此，恶法就更有了生存的空间，把基本的社会道德规范放置一旁。而良法之治，才是现代民主共和国家与封建帝国的根本区分。

东吴末代帝王孙皓是孙权的孙子，也是历史上少有的暴君之一，生性残暴，沉溺酒色，大兴土木徭役，完全没有继承他爷爷身上哪怕一丁点的优点。他制定的刑罚极其严酷，手下人稍有不慎，所作所为不合其意，便会招致灭顶之灾。他的一个小妾派人上街抢夺财物，被大臣陈声绳之以法，孙皓认为陈声是故意跟自己过不去，就用烧红的铁锯将陈声的头割了下来；他还创造了“斜视”的罪名，朝堂之上有人对其斜眼，就要去见阎王。孙皓好酒，常召集大臣饮酒作乐，还要求每人必须将 7 升酒全部喝完，否则将被投入死牢，群臣惶惶，赴宴简直就是上刑场一般。孙皓玩女人的方法更是荒唐至极，他命令全国适龄女子不得成婚，看对眼的都要送上来，被淘汰的才允许出嫁。后来他想把都城从南京迁到武昌，时有民谣：宁饮建业水，不食武昌鱼。宁还建业死，不止武昌居。可见老百姓对他的痛恨之心，死我也不跟着你。等到时机成熟，晋武帝派杜预、王濬率军大举南下，势如破竹，吴军几乎没有抵抗之力。孙皓黔驴技穷，灰溜溜地向晋乞降。

可以说，压倒东吴的最关键因素，便是孙皓那些恐怖的“恶法”。

在我国古代，“国之大事，在祀与戎”，在现代法治社会，国之大事，就得首推立法。改革开放 40 多年来，我国的立法经历了重重考验，也遇到不少困难。这些年来立法任务重、难度大，但我们一直在实践中不断研究探索。在我国，立法具有开放性、民主性、科学性，科学、民主的立法程序是法治国家的重要标志。现代社会瞬息万变，利益关系错综复杂，要使法律既符合现实需要，又能适应未来的社会发展，就必须有科学的立法态度和立法体制。因此，我国法律的制定，会邀请最顶尖的专家学者参与讨论，经过提案、审议、表决、通过、公布等多个程序，才能最终付诸实施。宪法的制定就是一个很好的例子。一般的法律进行修改，需要过半数的代表同意，而作为治国安邦总章程的国家根本大法——《宪法》，是经过全国人民代表大会以全体代表的三分之二以上的多数通过才能修成。我国《立法法》规定："立法应当体现人民的意志，发扬社会主义民主，保障人民通过多种途径参与立法活动。"立法必须以确认和保障人民的权利为根本宗旨，而不能以少数人的意志为依据。而恶法往往并未经过科学的制定程序，没有体现大多数人的意志，往往是少数当权者为了维护自己的非法利益而随意制定的。所以，恶法会钻了良法的空子，阻碍法治建设的进程。

罗纳德·德沃金在《认真对待权利》中指出："如果政府不能认真对待权利，那么它也就不能认真对待法律。"人权是人作为人享有和应该享有的权利。因此，中国通过各种方式来尊重和保障人权，例如，引导经济发展为主与建立健全社会保障制度、尊重个人自由、对少数人群的权利实行积极差别待遇和特殊保护等方式。其中，最关键的一点就是在 2004 年十届全国人大二次会议将保护人权的条款写入宪法，突出体现了我国力争在人权保护中取得突破性进展，这成为人权事业发展史上的重大里程碑，是用良法来保障人权的典型。

人们往往把“领导”看作一个具有关键作用的角色，因为他是一个组织的核心，能够指挥、引导、激励下属为实现目标团结合作。正是因为他的重要作用，一些人接到指令之后往往不问缘由便一股脑去做，从来不去分析正确与否，领导说往左，下属不敢往右。有时对于领导不正确的决策，下属可能也是唯命是从。我们不能否认的是，在大多数情况下，上级领导处于纵览全局的位置，经验丰富、能力突出，必然站得高、看得远，眼光、胸怀、业务素质也应当比下属强，他们之所以能一步一步走到领导岗位，肯定在某些方面有超过他人之处。但是，这不代表上级永远是对的，永远不会犯错误。上级很多时候是无心的，这就需要每一个下属认真负责，去帮助上级少犯错、不犯错。但是很多下属为了明哲保身，不去努力帮助领导避免错误，而任其自由发展。古人也强调事君能致其身，可明知上级不对，却听之任之，这根本不是忠诚，实际上是“坑”领导，是极度不负责任的表现。不根据实际情况进行讨论和审察，一味盲目执行，这种单纯建立在“上级”观念上的形式主义的态度是很不对的。盲目地、表面上完全无异议地执行上级的指示，这不是真正在执行上级的指示，这是反对上级指示或者对上级指示怠工的最妙方法。[①]

一天，苏格拉底在课堂上拿出一个苹果对学生说："请大家闻闻空气中的味道。"一名学生很快便举手回答说："是苹果的香味。"苏格拉底走下讲台，举着苹果慢慢地从每位学生身旁走过，并要求大家再次仔细地闻一闻，这时已经有半数的学生举起了手，苏格拉底回到讲台上，又重复刚才的问题。这一次，除了一名学生外，其余的学生都举起了手。苏格拉底问那位没有举手的学生说："别人都闻到了，难道你的嗅觉有问题吗？"那位学生肯定地回答："我真的什么也没有闻到！"这时，苏格拉底对大家宣布："只有他是对的，因为这是一只假苹果。"这名学生就是后来大名鼎鼎的哲学家柏拉图，而其他学生，大多湮没在历史的尘埃里。

现在，许多单位在新人入职培训时，也强调不盲从，合规至上。

（二）恶法亦法与为人民服务的准则完全背道而驰

有人所言："既然以后想做规则的制定者，那么最起码就应该具备尊重规则的意识和习惯。"这话当然有道理。可是，在茅坑旁边待久了，身上也不会沾上什么香气。如果你在作为执行官的时候，一直在执行着许多"恶法"，有朝一日即使成为规则的

---

① 毛泽东.毛泽东选集［M］. 北京：人民出版社，1991：111.

制定者，我想你创造出来所谓的“规则”，或许免不了又是一个个的“恶法”。因为你骨子里没有良法的理念和为他人着想的善念，完全以自我为中心，口含天宪，规则制度对你而言只不过是权术的手段罢了，这就是绝对的权力导致绝对的专制与腐败。因此，这就给那些规则的制定者提出了更高的要求，纵然使用各种手段强加在别人身上，也不能形成有效的认同。只有以公平正义代替强权，以伦理道德和公序良俗作为基础，人们才能在达成共识的前提下，制定广为认可的规则，才能培植民众对法律的信仰。

恩格斯说：“我们根本没想到要怀疑或轻视‘历史的启示’，历史就是我们的一切。”靡不有初，鲜克有终，在朝代更迭的过程中，开国君主往往能够反思前朝灭亡的教训，与臣子们励精图治，可经过了几代人之后，往往便沉浸在胜利的喜悦之中忘乎所以，觉得危机不会降临在自己头上。因此，为了加强对人民的统治，让他们真正臣服于自己，统治者尝试用各种各样的法律制度来强化这种管理。的确，这些恶法在一定程度上起到了维护社会秩序、震慑“犯罪”的作用，但是，统治者丝毫没有意识到其严重后果是什么。他们根本没有长远眼光，只局限于目前的利益，不去关心整个国家的长久统治，恶法的实行逐渐在老百姓心中变为最可怕的愤怒。试想一下，若是他们能够及时反思、及时有效地对恶法加以废改，站在老百姓的立场上，制定出真正有益于国家和人民的法律，就会大有不同。施行良法的政权才能真正赢得民心，才能实现政权的稳固与社会的长治久安。

回顾历史，我们可以清楚地看到，即使某些人靠执行一系列恶法夺取江山，这种所谓的“得天下”也只是昙花一现，根本没有任何后劲，最终也只能得到“失天下”的结局。做人亦如此，一些大奸大恶之徒即便得道一时，最终也身败名裂，落得遗臭万年的结果，诸如赵高、梁冀、董卓、来俊臣、蔡京、严嵩、魏忠贤、和珅……

纵观中国五千多年的历史，每一个封建王朝的灭亡，归根结底都是恶法惹的祸。统治者均存在着荒淫无度、奢侈成风的状况，他们没有把精力放在国家的建设之上，对于法律的制定和完善也是不闻不问，比如秦朝的车裂、夷三族，北宋的刺配，明清流行的凌迟，可谓法制史上的倒退，伤敌一千，自损八百。元朝的灭亡就是一个很好的例子，作为中国历史上第一个由少数民族建立的大一统帝国，贵族生活糜烂，吏治腐败，土地兼并严重，不平等的民族等级制度和赋税制度，加深了对人民的压迫和欺凌，“奉使来时，惊天动地，奉使去时，乌天黑地，官吏都欢天喜地，百姓却啼天哭地。”统治者根本不注重学习，只会用武力打江山，如此一来，元朝想要制定出符合人民百姓利益的法律也就成为一件难事了，于是乎，元朝仅存不到百年光景便不足为奇了。恶法的存在使得整个国家呈现一种病态的混乱，突破了劳苦大众的忍耐极限，便必然招致揭竿而起的起义反抗，伤害了别人，最终也埋葬了自己。在混乱之中，王朝不断走下坡路，最终跌入谷底永不翻身。

始作俑者，其无后乎？这里的“无后”不仅指我们日常所说的“延续香火”“传宗接代”，也指一个人、一个组织没有前途和未来。多行不义必自毙，制定和实施恶法的人，迟早会体验到“请君入瓮”的下场，这是历史发展的必然。

商鞅，战国时期政治家、改革家、思想家。他一直想通过变法的方式让秦国成为富裕强大的国家，因此，商鞅致力于改革秦国户籍、军功爵位、土地制度、行政区划、税收、度量衡以及民风民俗，并制定了严酷的法律：老百姓若违犯法律规定，比如在路边倒垃圾，就要被砍去双手；盗窃牛马者要被处以死刑。每每谈到如此严苛的法律，人们都会大惊失色，或许一次无心之举，自己的双手、生命就可能不在了。《东周·列国志》记载：“卫鞅常亲至渭水阅囚，一日诛杀七百余人，渭水为之尽赤。”其残忍由此可见一斑。商鞅所变的“法”，从另一个角度看，不过是奴役人民的工具罢了。变法得罪了不少阻挠新法实施的旧贵族，因此，秦孝公死后，曾被商鞅割去鼻子的公子虔告发他“欲反”，秦惠王下令逮捕商鞅，施以“车裂”之刑。一代名臣，竟落得如此下场。不仅如此，商鞅被车裂的时候，我们看到的结局是什么，是“秦人不怜”啊。商鞅出逃时，因为没有文书而无人敢收留，此时的他仰天长叹作法自毙。[①] 经过变法，秦国的“国”确实富了，“兵”也确实强了，但正如同今天某些运动员靠服食兴奋剂来创造的虚假奇迹一样，秦国却也由此开始走上了一条万劫不复的自我毁灭道路。自那时起，中国的法律思想和法律制度，便历

①参见《史记·商君列传》：“商君亡至关下，欲舍客舍，客人不知其是商君也，曰：‘商君之法，舍人无验者，坐之。’商君喟然叹曰：‘嗟乎！为法之敝一至此哉！’”

久不息地染上了一种浓重的、从秦国时便遗传下来的血腥味。[①]

在我看来，恶法有“小”与“大”的程度之分。“大恶法”的覆盖范围广，能够触及大部分人的利益，产生飓风般的破坏力；“小恶法”的覆盖范围较为狭窄，但我们丝毫不能懈怠，要时刻保持警惕性，因为，有时候小恶法的危害性也并不小，它虽不致让一个组织消亡，但必然使其达不到应该达到的水准。

有这样一个段子：

一流领导：自己不干，下属快乐地干。
二流领导：自己不干，下属拼命地干。
三流领导：自己不干，下属主动地干。
四流领导：自己干，下属跟着干。
五流领导：自己干，下属没事干。
末流领导：自己累得半死，下属对着干。

这里为什么一再强调一流老板的重要性，而并未强调一流员工？因为领导的作用远大于员工，领导是“立法者”，员工是“执行者”，兵熊熊一个，将熊熊一窝，一只狮子带领的一群绵羊能够打败一只绵羊带领的一群狮子。老子有这样一句名言：“太上，

①余定宇.寻找法律的印迹——从独角神兽到六法全书［M］.北京：北京大学出版社，2010：69.

不知有之；其次，亲而誉之；其次，畏之；其次，侮之。”意为：最好的统治者，人民感觉不到他的存在；其次的统治者，人民亲近他、称赞他；再次的统治者，人民畏惧他；更次的统治者，人民轻蔑他，甚至推翻他。

同样也可以这样说：

一流法律，使得国泰民安，四海升平。
二流法律，使得心悦诚服，交口称赞。
三流法律，使得安分循理，井然有序。
四流法律，使得阳奉阴违，背地作祟。
五流法律，使得人神共愤，肆行不轨。
末流法律，使得饿殍遍地，揭竿而起。

中国历朝历代都没有跳出“其兴也勃焉，其亡也忽焉”的周期律问题，我党也一直在摸索中不断前进。1945 年，毛泽东邀请民主人士到他住的窑洞里做客，黄炎培与毛主席留下发人深省的文字，“窑洞对”成为历史佳话。当时的中国共产党，正处于一个较困难的时期，面临着前所未有的抉择。黄炎培谈及自己的所见所闻：“一人，一家，一团体，一地方，乃至一国，不少单位都没有能跳出‘其兴也勃焉，其亡也忽焉’这周期律的支配力，大凡初时聚精会神，没有一事不用心，没有一人不卖力，也许那时艰难困苦，只有从万死中觅取一生。既而环境渐渐好转了，精神也就渐渐放下了。一部历史，‘政怠宦成’的也有，‘人亡政息’的也有，‘求荣取辱’的也有。总之没有能跳出这周期律。”毛主席说：“我们已经找到新路，我们能跳出这周期律。这条新路，就是民主。只有让人民来监督政府，政府才不敢松懈。只有人人起来负责，才不会人亡政息。”黄炎培无比赞同毛泽东说的话，他说，“这话是对的，只有大政方针决之于公众，个人功业欲才不会发生；只有把地方的事，公之于地方的人，才能使地地得人，人人得事。用民主来打破这周期律，怕是有效的。”

当然，民主不是纸上谈兵，必须要有法治作为根本保障，否则，民主便成了无本之木、空中楼阁。实施依宪治国、良法善治是多年来不断艰辛探索所做的深刻总结，是保证国家社会长期稳定不断发展、真正能够跳出历史周期律支配的唯一途径。国家治理体系的现代化就是要通过法律充分保障人民所享有的选举权、知情权、参与权、表达权、监督权，最广泛地动员和组织人民依法通过各种形式管理国家和社会事务、管理经济和文化事业。民主若不受宪法的约束，就可能演变为多数人的暴政。早在19世纪，卓越的思想家阿历克西·德·托克维尔便意识到了这一点，他在《论美国的民主》一书中，便主张用法律武器来控制民主可能带来的暴政。

一直以来，我党的宗旨便是全心全意为人民服务，这就要把党和人民的利益摆在高于一切的位置上，坚持从群众中来，到群众中去，从人民群众中汲取前进的不竭力量。如何才能做到真正地为人民服务？在我看来，良法善治便是前提，是重中之重，良法本身具有均衡性，它会尽全力覆盖多数人的利益，但也不忘记照顾少数人的利益，抓住主要矛盾，也注重解决次要矛盾，这种在利益、意愿等诸多方面的均衡，就是良法真正能够为人民服务的基础。

坚持恶法亦法，是一种色厉内荏、外强中干的懦弱心理，是慵懒、不思改变的所作所为，是极端不自信的表现。正是因为十分怀疑自己的能力，觉得自己不具备制定良法的水准，所以才拿“恶法亦法”来做挡箭牌。

“有了梧桐树，才能引来金凤凰。”这是众所周知的俗语。如果只是个腐烂的残花败柳，招来的只能是苍蝇和臭虫。法律产生的原因和目的是什么？就是为了维护公平正义，让好人受益于法，让坏人受制于法，如果起到相反的效果，法律的意义又体现在何处？在我看来，恶法只是在表面上极其肤浅地符合了法的特征，是“被阉割”过的法，不具备法律应有的公平正义的本性，实质上是被包装过的恶行。倘若坚持恶法亦法，即使早已发现有不当之处，也很可能是置若罔闻、听之任之，不会及时去修改法律那不合时宜的部分。

人是什么？不同哲学家有不同的说法。马克思说，人是最名副其实的社会动物，在社会中才能独立。柏拉图曾告诉他的学生人是没有羽毛、两脚直立的动物。于是，他的学生就把一只鸡拔光了毛，说：“看！这就是老师所谓的人。”可见，从不同的角度来看，人的定义就不尽相同。从法律上讲，只要不是尚未出生的胎儿和停止呼吸的尸体，都是人，作为人的期间，和享有民事权利能力的期间是一致的，只要生出娘胎之后，并且存活于世，他就是一个无可争议的人，不可能变成鸡鸭牛羊，当然这是仅从最表面而言。有人说，人类是地球出现的最高级动物与智慧的结晶，具有善恶一体两面。有些人会一直坚持善良与正直，从不会做危害社会、危害他人的事情。但是，当一个人只剩下光秃秃的躯壳，灵魂被完全掏空，当一个人道德沦丧、坏事做尽，我们往往会形容他是“衣冠禽兽”。亚圣孟子有句名言：“无恻隐之心，非人也；无羞恶之心，非人也；无辞让之心，非人也；无是非之心，非人也。”可见古人对同情心、责任感与是非观极为看重。

恶法非法，恶人非人。“有的人活着，他已经死了；有的人死了，他还活着。”即使我们不是为了多数人更好地活而活着，也要善良、真诚地活着；即使没有太多能力去帮助他人，至少也不要冒天下之大不韪。人和动物的区别是什么？在我看来，人拥有一种叫作人性的东西，包含一个人思想中应该具有的包容、慈悲。这样的道理也适用于“恶法非法”。同样我们也可以说：“法无恻隐之心，非法也；法无羞恶之心，非法也；法无辞让之心，非法也；法无是非之心，亦非法也。”一部不把群众的利益放在首位、不把社会公平正义放在首位的法律根本不是法律，只能称之为“恶法”，恶法也终究不能称其为法。

三、法律需要理由

（一）搞清立法缘由是学好法律的不二法门

我曾听过一个法学老师给学生开会的时候说："我不想讨论恶法是否亦法的问题，但既然是学校制定的规则，我们就应当坚定地遵守。"对于一名老师来说，最基本的道德准则就是传道、授业、解惑，可是，他连这些都没有做到，还说不想讨论恶法是否为法。学生原本就对学校某些制度不满，老师说不出一个更为合理的解释，这就使得学生颇有微词，似乎在老师眼里，只要不解释就永远处于正确的立场上，如果真的费尽心思去解释，说不定自己也只能无言以对。不仅如此，作为理应维护社会正义的法律人，说出这样的话，没有一点点的公民权利意识，是毫无原则地唯上和盲从。这表面上是维护学校权威，可实际上，是在培养法律学子的奴性。他还说："工作以后，你们要做的就是执行各项规则，如果你们学生连学校要求的一点事情都做不到，以后的职业发展前景真是不让人看好。"这话当然没错，但他忽略了另外一方面：如果学校用"恶法"来压制学生，学校的发展前景就会让人看好吗？一定不会！这必然导致学生对学校的信任大打折扣，失去了广泛的群众基础，还会造成学校受到社会上广泛的负面评价，造成声誉风险。

对恶法是否为法避而不谈，实际上是避重就轻。不去探讨，不给出一个正当的理由，谁还去信服这些制度呢？一套理论若想被他人信服，就必须拿出相对应的理由和证据来，如此才能得到普遍认同。比如北京实行车辆限行的交通措施，理由是为了避免造成拥堵，也减轻尾气污染，但出租车不在此限，这是因为它们有公共服务的属性，不单是为了自己，而是为更多的人提供方便。

学好法律并不容易，甚至有些人觉得异常枯燥，著名作家卡夫卡就把学法律比作吃锯木屑。当然，热爱它的人也是不计其数，只要用心去挖掘，自然能够感受到其中的乐趣。学习法律的一个基本方法，就是搞清楚法律如此规定的理由，即立法者为什么会如此立法？法官为什么会如此判决？其背后究竟隐藏着什么东西？这些都是值得我们刻苦钻研的。法律解释及法律修改同样需要理由，如果搞不清楚，学习法律也只能是死记硬背，不仅掌握得不准确，也会极为劳苦疲惫，丝毫体验不到学习带来的幸福感。老师上课时，也应当阐明该条文的立法缘由是什么，这样才能真正地把每一门课讲透彻，更容易被理解接受。

《中华人民共和国民事诉讼法（专家建议稿）立法理由与立法意义》一书中，对于我国《民事诉讼法》每一条法条的立法理由都做了详细说明，吸引了我的注意。现举例如下：

《民事诉讼法》规定了专属管辖因不动产纠纷提起的诉讼，由不动产所在地法院管辖。这是因为：

不动产标的便于该地法院进行调查、勘验，及时查明案件，也为了便于案件审理终结判决生效后得以顺利执行。但对专属管辖应做狭义理解，即对不动产的权属关系及分割等发生的争议才适用专属管辖，对于房屋租赁合同、装修合同的纠纷不必专属管辖，否则范围过于广泛。[①]

《民事诉讼法》规定，小额诉讼程序实行一审终审。绝大多数判决和裁定都是可以提起上诉的。而小额诉讼程序不行，这是因为：

在权衡追求实体真实与追求诉讼效率和程序公正孰先孰后的问题上，小额诉讼程序通常坚持诉讼效益与程序公正优先主义。首先，民事诉讼对按普通程序审理的案件上诉并没有实质上的限制，只要上诉便应当受理，而如果小额诉讼程序允许上诉，民事纠纷经过的审级就会增多，诉讼拖延的时间就越长，不符合小额诉讼快速解决民事纠纷的设计初衷。其次，通过上诉的方式来补救不正确的判决必然增大诉讼成本，消耗更多的司法资源，这就违背小额诉讼程序的成本和费用相当性原理，不符合小额诉讼节约司法成本的设计初衷。最后，若允许上诉，小额诉讼程序就失去了与众不同之处，在功能设计上与普通程序发生重合。[②]

“禁止令”是《刑法》的概念，是指禁止行为人在一定时期内进入特定的场所，接触特定的人，从事特定的活动。比如一个

①杨荣馨.中华人民共和国民事诉讼法（专家建议稿）立法理由与立法意义［M］.北京：清华大学出版社，2012：32.

②杨荣馨.中华人民共和国民事诉讼法（专家建议稿）立法理由与立法意义［M］.北京：清华大学出版社，2012：176-177.

人因长期聚赌，后为还赌债去盗窃，因情节较轻，判处了管制或缓刑，同时下达禁止令：在管制执行期或缓刑考验期内，禁止他进入赌场、禁止接触那些“狐朋狗友”，禁止参与任何形式的赌博活动，以此矫正。《刑法》规定管制和缓刑可以适用禁止令，而假释不适用。如果你只是死记硬背，却不去搞清楚为何管制和缓刑可以适用禁止令但假释不适用，就很难理解透彻。

其实稍加分析就可以看出，管制、缓刑和假释都是刑罚的执行制度，它们之间确有较大的相似之处，均是有条件地不将犯人关押在监狱中。但有个最重要的区别，就是施行假释的罪犯，已经被关押过较长的时间，接受了改造，司法机关认为其真心悔过，再犯的可能性几乎消失，因此才附条件将其放出。而被判管制和缓刑的被告，自从判决生效之日起，便放出来了，未在狱中关押，未接受过改造，因此再犯的可能性相对较高，如有必要就应当适用禁止令。

因此，假释与禁止令是两个不能并用的概念，否则是自相矛盾的，既然进行了假释，就不能再适用禁止令。如果法院认为应当适用禁止令，说明犯人并未改造得很好，还有再犯危险，根本不能假释。

《刑法》第 263 条规定，持枪抢劫是抢劫罪的加重情节，应当判处十年以上有期徒刑、无期徒刑甚至死刑。但持假枪抢劫算不算这里的持枪抢劫呢?

要回答这个问题，就应当仔细思考一下，为什么我国要规定持枪抢劫是抢劫罪的加重情节？其背后体现的法理依据何在？我想理由有以下两个方面：

第一，枪支的危害性极大，不是刀斧棍棒这种随处可得的器械就能相提并论的，如果控制不当会造成严重的人员伤亡，必须予以严厉打击。

第二，持有枪支还侵犯了另一个客体——国家对枪支的管理制度。我国禁止任何单位、组织和个人非法持有枪支，否则会构成非法持有枪支罪（《刑法》第 128 条）或非法携带枪支弹药危及公共安全罪（《刑法》第 130 条）。行为人在获取枪支的过程中，必然费尽心思，通过各种不正当渠道以达目的，而这本身正是违法行为。

从以上的分析中，我们可以得出结论：持假枪抢劫不属于持枪抢劫，理由有以下三个方面：

第一，假枪没有社会危害性。诚然，假枪有时确能起到真枪的作用，产生强大的威慑力，令受害者陷入极度恐惧之中，但并无潜在的杀伤力，不会造成人员伤亡。况且，假枪一定比真刀危害低得多，举重以明轻，就连持刀抢劫都不是加重情节，更遑论假枪。

第二，持有假枪没有侵犯国家对枪支的管理制度。假枪随处可见，随处都能买到。

第三，《刑法》虽然没有特别规定假枪是否属于“枪”，但按照社会一般观念来理解，这里的“枪”，只能解释为真枪。如果把假枪都解释为枪的话，就超出了人们可预测的范围，是在刑法文义范围外进行解释，是类推解释，与罪刑法定原则完全相悖。

如果假枪是枪，那么假钱也是钱了，冥币就可以堂而皇之地进入市场流通了；机器人也属于人了，“杀死”一个机器人，就能定性为故意杀人罪了，这显然是极其荒唐的。

综上所述，持假枪抢劫不属于持枪抢劫。

当然，对于纯数字的条文不必纠结，因为这没办法说清为什么。难道你还要问：普通诉讼时效为什么是 2 年而不是 3 年或 4 年？为什么 18 岁算成年人而不是 17 岁或 19 岁？为什么男性满 22 岁能结婚而不是 20 岁或 23 岁？为什么刑事诉讼二审上诉期限是 10 日而非 20 日或 25 日？为什么派出所可以决定 500 元以下的行政罚款而不是 600 元或 700 元？立法者要做的就是在合理区间内选择一个最佳答案就可以了，如果数字不合时宜，自然会进行调整。但是，如果是两组在适用范围上相类似的数字，可以探求之所以不同的原因。例如，许多国家的公民满十五六岁就能结婚，我们可以在历史传统、人文环境、政治制度等诸多方面来综合分析我国为何与之不同，这是非常值得研究的问题。

有这样一个经典的外国法律案例：

某国有个市政委员会颁布了城市管理规定：在市区的公园内，不得通过和放置任何机动车辆。可有一天，几个军人驾驶一辆“二战”时期他们使用过的军用吉普车进入了市中心公园内。公园管理人员说不行，而军人们说，此车绝非一般车辆可比拟，它象征着国家军队在战争中的艰辛与光荣，将车摆在公园里，是为了让人们在享受幸福欢乐的时候不忘和平来之不易。就这样，吉普车就被搁置在公园的草坪上。把车放在公园以作纪念，人们也没觉得有何不妥。可是市政委员会有令在先，也不能违规行事啊，这该怎么办呢?

于是，公园找到军人团体代表商议，劝其将车拉走，但军人毫不退让。公园管理人员无奈，只得找到法院帮忙。公园一方说，法律条文清清楚楚，没办法，被告只能将车拉走。但被告说，这车放在公园不是随意的，它是为了让人们永远记住战争与军人。法院明确了这个问题：既然规定了机动车禁止入内，而吉普车确属机动车无疑，因此，若按照字面意思理解，吉普车必然是禁入公园的。

然而，法院并没有局限于规章字面的含义，而思考另一个问题：为什么市政委员会禁止车辆进入公园?即为什么机动车辆不能停放在公园里?想来想去，答案应当是这样：如果车辆任意进出，既影响安全，又会产生噪声和尾气，还会给游人逛公园带来不便。吉普车停在公园，根本不会对安全和环境造成损害，目的是为了让人们记住军人的不易，热爱和平，更为公园增添了好风景，这何乐而不为呢?因此，法院最终认定可以停放。

（二）立法者应“自证清白”

任何一部法律都有自己的目的。如果立法者在立法时不知道立法为了什么，那我们会说他是非理性的。同样，如果司法者在司法时不知法律条文规范的目的是什么，我们也会说他是非理性的。因此，法律不仅是条文，它还包括目的；司法时不仅要看条文，而且要想目的。严格依法办事不应该处处唯条文是举，将目的视为法律的一部分，法治才会更加理性。[①]法律解释是弥补法律漏洞的一个重要手段，而目的解释是法律解释的重要方法之一。这种目的解释，既可以指之前制定法律时的目的，也可以是当前进行法律适用时的目的。适用法律有时也应当灵活一些，不要过于僵硬死板，否则表面上看起来是依法办事，但实际上并不合理，是违背法治精神的。

法律需要理由，立法者需要“自证清白”，拿出令人信服的理由来证明其所立之法合情合理，即符合良法标准。如果立法者说不出合理理由，便可推定其法律不合理。对于各类单位，诸如企业、校园也是如此，也应当证明自己的规章制度是合情合理的，否则应当视其为不合理。这与《侵权责任法》中的“举证责任倒置”原则类似，这样的道理也适用于司法。习近平指出：“如果司法这道防线缺乏公信力，社会公正就会受到普遍质疑，社会和谐稳定就难以保障。”培根说，一次犯罪是污染了水流，但一次不合理的判决把水源也污染了。十八届四中全会提出，要加强法律文书释法说理，建立生效法律文书统一上网和公开查询制度，必须把裁判程序、事实认定、判决理由等说清楚，这才能让当事

①刘星.西窗法雨［M］.北京：法律出版社，2014：94.

人心服口服。如果判决书不讲道理，就意味着司法不讲道理，老百姓就没有可以说理的地方了。一份充分说理的判决，本身就表明法官在裁判过程中是公正的、不偏不倚的，这可以有效地减少社会对法官的质疑，能够有效地规范自由裁量，防止司法专横、恣意裁判。这是对法官提出的基本要求。①

四、恶法与良法的区分

谈了这么多，但恶法与良法的区分标准是什么，一定是许多人特别关心的事情。若抛开程序不谈，在实体方面至少我认为有以下两个标准可以采用：

（一）该“法”是否具有普遍性

即该“法”是否普遍存在于社会当中或者是否已有成功的经验。法律的制定往往是基于社会现实，并能够反映社会现状，“存在即为合理”，法不责众，天下人都这么做，那么它的合理性应该就很大了。例如，某单位要求员工每天加班到后半夜，可如果中国大部分企业都是这样，那么忙碌至晚 12 点的规定也就没啥好说的了，因为这可视为社会的正常现象，那些加班族也就没有怨言了。但是，这只是很少一部分企业的所作所为，因此，这种加

①王利明. 法治：良法与善治[M].北京：北京大学出版社，2015：245-246.

班的规定就可称为是“恶法”。

一个时代之所以累累硕果，正是因为有了伟大的思想。我们不能太过于强调“立足国情”，否则这可能走入排斥外来先进文化的对立面。曾经的闭关锁国给我们带来了深重的灾难，我们必须以兼容并蓄的大国姿态，在传承自身优秀传统文化的同时，积极吸收借鉴人类一切优秀文明成果，为我们的经济和文化建设服务。任何一个组织及单位都不能“关起门来制定规则”，必须要多多向成功者学习借鉴，任何一个企业的兴旺不是凭空的，必然有其“良法”作为保障。比如海底捞的服务，就是值得所有餐厅等服务业学习的典范。俗话说：“听人劝，吃饱饭。”好多人的思想落后守旧，跟不上潮流，还总强调“别人的东西不适合自己”。不去仔细思考，不勇于尝试，你何以凭空断定别人的经验就不适合自己呢？如果孩子成绩提不上去，还总有逆反心理，就要想想自己是不是“教子无方”，此时应当向成功家庭学习“育儿经”。对于学生而言，如果自己成绩不如别人，就应该向“学霸”讨教一下他们的学习方法。如果不和别人比较，怎么认识到自身差距，怎么寻求进步。不知道学习别人的“良法”，顽固坚持自己的老一套，既是一种慵懒，也是一种专制，和别人的差距只会越拉越大，离善治的良好结局只能是渐行渐远。当然，这些也不能完全照搬照抄，都应当与自身实际相结合，量身定做。

（二）该“法”是否体现公平正义的价值取向

要看该法律是否体现公平正义的价值取向，能否赢得多数人的支持和是否符合多数人的基本利益。法律就是公平正义，法律人的任务就是为公平正义而呐喊。对此，邓小平就有着很强的群众观念，其民主法治理论的出发点和归宿，无不是为了人民的利益，无不坚持群众路线；他在民主法治方面提出的种种设想，无不反映了人民群众的愿望和根本要求。① 法具有伦理性和工具性的双重价值。在我看来，法的伦理价值首先指的是公平与正义，意味着法在调节与分配各种利益和处理各种纠纷时，必须体现公平、正义的原则。有些东西虽然广泛存在于社会当中，但并不见得就是合情合理的，或许在当时合情合理，但随着时代的前进，也会逐渐归为不合理之类。妇女缠足曾经广泛存在于中国社会，它是中国古代乃至近代的一种习俗。到了明代，缠足愈演愈盛，“三寸金莲”体现了当时的审美观。清代的缠足之风更是广泛蔓延，不论富贵人家还是贫下中农，都纷纷缠足。“大家都缠足，咱家也可以缠”，但显然像缠足这样的“恶法”不符合多数人的利益，它不仅严重影响了女性足部的正常发育，还让社会的审美心理严重扭曲，残害妇女身心，对整个社会而言，它是妇女被压制的象征，造成了男女之间的不平等。曾广泛热议的“你妈是你妈”也是如此，其实有些事情是必须要证明“你妈是你妈”，比如未成年人要办理银行卡，必须由其直系亲属（直系亲属包括父母、配偶、子女，未成年人只能是父母）代为操作，此时其监护人必须出具户口本和出生证明，以证明“你妈是你妈”。冒用他

①张万洪.法治、政治文明与社会发展［M］. 北京：北京大学出版社，2013:61.

人证件开户是一种违法的行为，因此只有直系亲属才能担负起代办开户这个任务。至于出国紧急联系人，难道一定要是直系亲属吗？就不能是同事、同学、邻居吗？[①]“你妈是你妈”的证明本身没有错，只是必须要严格限定其适用条件，否则这种穷折腾、乱折腾、死折腾就没有什么实际意义。乱折腾人的规则绝不是良法，它伤害感情，拉低效率，潜在的危害极大。因此，我国政府一再强调简政放权，削减行政审批事项，减少不必要的阻碍，不断为人民创造良好的生活环境。

规矩是人定的，人不能让规矩死死地束缚住，让法律符合多数人的利益，合乎公平正义，反映民情民意，顺应时代潮流，才是更重要的。企业也不应局限于多数同行的所作所为——即使大家都这样，我就一定也要这样吗？难道就不能独树一帜？难道就不能突破现有的局限？古希腊哲人伊壁鸠鲁说：“法律同国家一样，也是人们相互约定的产物。法律就是宣布正义。正义对所有人都是一样的，因为它是人们相互交往中的一种有益的东西。”如果法律不能倾听百姓的呼声，不能表达群众的诉求，无法惩治该惩治的罪恶，就不能称之为纯粹的良法。一部好的法律应该是以维护社会公平正义为出发点的，正义是法律的基础，为了人民群众的利益，再深的水我们也要趟，多么难啃的硬骨头我们也要拿下，这才是真正的良法善治。

我们把人民拥护不拥护、人民赞成不赞成、人民高兴不高

---

①一个公民要出国旅游，需要填写“紧急联系人”，他写了他母亲的名字，结果有关部门要求他提供材料，证明“你妈是你妈”。

兴、人民答应不答应作为制定各项方针政策的出发点和归宿，作为判断各项工作成败得失的最高标准，坚持问政于民、问计于民，力争为人民创造出更好的生活环境与社会环境。有些人觉得北京施行的史上最严禁烟令是个恶法，侵犯了人权，连吸烟的个人权利都没有。但是，换一个角度说，二手烟给健康带来的危害是无法忽视与回避的，不仅对于吸烟者自己，同时，在吸烟者周围生活和工作的人们，也会不自觉地吸进烟雾尘粒和各种有毒物质。《中国“吸烟与健康”报告》指出，自 20 世纪 50 年代以来，全球范围内已有大量流行病学研究证实，吸烟是导致肺癌的首要危险因素。基于此，北京制定史上最严禁烟令是正确的选择，它符合绝大多数人的利益，甚至许多烟民也表示支持和理解。自从它施行以来，得到了市民们的一致称赞，许多人觉得室内环境变优雅了，工作氛围更和谐了，身心更舒适了，因此，它是良法。法律和生活是紧紧相连的，是生活的反映，法律不能与一般的常识相违背。立法者在进行立法活动时，必须充分考虑到社会的一般观念，必须反复推敲它会不会得到大部分人的支持，必须考虑它会不会引起社会的强烈反对。实质上，法律就是规范化、权威化了的情理。比如借车是人之常情，在人们一般观念中，如果驾驶他人的机动车发生了事故，车主是没有责任的，因为车辆在借用方手中控制，只要车主没有过错，责任就应当由借用人承担。我国《侵权责任法》因此也规定：“因租赁、借用等情形机动车所有人与使用人不是同一人时，发生交通事故后属于该机动车一方责任的，由保险公司在机动车强制保险责任限额范围内予以赔偿。不足部分，由机动车使用人承担赔偿责任；机动车所有人对损害的发生有过错的，承担相应的赔偿责任。”机动车主有过错的情形包括：车辆有缺陷仍然借车的；明知对方无驾驶资格、存在饮酒或疾病等有碍驾驶的情形却仍然借车的。再比如，国际社会的一般观念是国家间应当避免武力争斗，加强互利合作，促进国际贸易往来。正因为此，才会有了国际公法、国际经济法的不断完善和发展。

这两个标准，简便易行，适用广泛。比如家庭的一般观念是男主外女主内，男人在外挣钱糊口，女人在家洗碗扫地照顾小孩。但是，男人应不应当也帮助妻子分担一些家务活呢？我们可以这样分析：第一，是不是大多数家庭中男人都不帮助妻子收拾家务？或许不是吧。第二，为妻子适当分担家务活，符不符合公平正义与现代家庭伦理呢？答案是肯定的。我想，家庭是共同的责任，谁都是不可或缺的一分子，二人都是掌舵者，谁也不是置身事外的旁观者。一次我和一位开咖啡厅的朋友谈及如何避免客户长久占据座位以致新到顾客无空间可用的问题。他说能否不在室内设无线网？这立刻被我否决了。我说，其他小店里，店老板都不安装无线网吗？当然不是。绝大多数老板都会设置无线网供顾客享用。如果不设无线网，顾客会怎么想？许多人刚一进店问服务员的第一句话就是：有 Wi-Fi 吗？密码多少？如果得到“抱歉，没有”的回答，没准就立马甩手撤离从此再不光顾了吧。因此，这绝对不是一个良法。最后，我们达成一致：不在室内设卫生间。首先，好多店铺里都无卫生间，这是普遍现象；其次，不设卫生间，并不会让顾客感到厌烦，能得到他们的理解；顾客出店如厕完毕之后，还好意思再回来吗？这恰好起到了分流人群的作用。

当然，这两种判断标准并不能完全涵盖所有情形，还需进一步加以明确。我们要有理论联系实际、具体问题具体分析的态度，客观公正地看待和解决生活中的每一件事。正如有人所说，正义的标准千差万别，你说你对，我说我对，你说此法好，我说此法坏，到底谁才有理呢？但是，如果一个社会连最基本的正义观、荣辱观、是非观都没有，还如何运转？难道那么多心灵鸡汤和思想道德教育都是在忽悠吗？世上只存在一个人是否为了私欲可能黑了良心、昧了良心，但绝无可能存在一个正常人不知道什么是良心的问题。现代法治应当是常识、常理、良心之治，实质上意味着现代法治归根结底应当是“人性之治”“人心之治”“良心之治”。如果一定要问作为现代法治基础的常识、常理、常情到哪里去找，那答案就是：请到你们自己的本性中去找，请到你们心灵深处去找，请到你们自己的良心中去找。[①] 公道自在人心，很多时候判断某个法律是好是坏，就像判断乱扔垃圾是对是错，乱闯红灯是对是错，借钱不还是对是错一样简单至极。

①陈忠林.恶法非法——对传统法学的反思［J］. 社会科学家，2009:11.

五、科学立法，严格执法，公正司法，全民守法

在这里，我们应当反思。要想建设一个法治国家，应当具备怎样的条件？难道仅仅做到有法必依、严格执法就够了？当然不是。1978 年，十一届三中全会郑重提出健全社会主义法治的伟大任务，提出“有法可依，有法必依，执法必严，违法必究”的方针。这个方针的提出有着极为特殊的历史背景，当时的中国非常渴望民主法治。随着我国社会的发展与进步，我们越来越感觉到仅仅这十六字是远远不够的，因此，十八届四中全会提出的“科学立法，严格执法，公正司法，全民守法”这新十六字方针，可谓一个重大突破，至此我国社会主义法治建设进入了一个新阶段。根据这个方针，必须要坚持立法的科学性、民主性，扩大公众参与，广泛听取群众意见。科学立法与公正司法，正是对法治社会提出的要求。既然要做到严格执法与全民守法，就要有执法和守法的理由，只有良法才能更好地贯彻执行，只有良法才能心安理得使人服从。现在，没有哪一个法学家还会公然宣称：“无论法律是好是坏，人们都必须遵守”，法学家作为法治建设的领军人物，要做的不是刻板、消极地宣传法律，而是要为社会公平正义而呐喊，这是法学家的任务和业界良心所在。

道德与法律是社会规范最主要的两种存在形式，是既有区别又有联系的两个范畴。在某些特定的情形下，对于一些危害社会的行为，法律可能会束手无策，但是可以运用道德的力量对其谴责与批判，进而影响其以后的行为方式。道德是法律的基础，道

德先于法律产生，每个人都要讲道德，要共建一个人人讲礼貌、团结互助的和谐社会。除此之外，道德是法律的评价标准和推动力量，更是法律的有益补充。二者最显著的区别是法律具有国家强制力。因此，鉴于二者的区别与联系，我国提出依法治国和以德治国相结合的发展策略，从而使法律和道德共同发挥作用，不断开拓中国特色社会主义事业更加广阔的发展前景。法律与道德应当是相互融合而不是分离的，这就要求我们，在制定法律的过程中，要把法律与道德紧紧结合起来，让法律体现出应有的正义性、道德性，因为自始至终道德控制都是法治的内在动力。有些道德容易被违反以至于对社会造成灾难，就应当写入法律当中，杀人抢劫、污染环境、制假售假等明显属于不道德的行为，我国法律对这些做出了明确的规制。显而易见，“恶法亦法”与以德治国的大政方针是完全格格不入的。

“科学立法，严格执法，公正司法，全民守法”这新十六字方针对于企业，对于各种社会团体、组织也具有强大的指导意义。每一个企业也应当是良法善治的践行者和推动者，这不仅为了从事活动的每一个成员、每一位客户，更是为了企业自己。

公司制定的章程和由管理者拟定的基本管理制度就是公司自己的“法”。公司章程是股东一致的意思表示，是公司的“宪法”，是公司成立的最主要的条件，也是最重要的文件。企业必须“立法”，但不能随意“立法”。企业随意立法，如果与成文法相悖，会导致无效；立法若不合情理，即使不会有无效的直接法律后果，也会导致劳动者的各种抵制，甚至弃暗投明，企业就不可能占有最好的人力资源，当然会丧失竞争力。[①]跳槽现象在我们身边频繁发生，我们可以指责跳槽者眼高手低，但企业也应该反思，如果制度完善一点，良法善治再多一点，是不是可以避免人才的流失？一个优秀老员工的离职，带来的后果不可估量，因为至少短期内难有人取代他的位置，培养教育成本付之东流，长此以往，只能陷入“招聘—离职—再招聘”的恶性循环，即使有新人填补缺口，但磨合期必然是路漫漫其修远兮。一个突然跟你翻脸的人，不知道曾经忍了你多少回，有时，一个不经意的小恶法，就会成为压死骆驼的最后一根稻草，届时只能是后悔与嗟叹。

立法是前提，严格执法和全民守法便是保障和基础。员工若视单位规章制度为儿戏，互相勾心斗角，推诿扯皮，这样的企业注定是一盘散沙，得不到任何成绩。一个好领导，要想维持单位的正常运转，就应当有强大的执行力与严肃的问责机制作为保障。对于业绩突出，有较大贡献的员工，要大张旗鼓地给予表彰和奖励；对于犯错误的员工，轻则批评教育，责令改正，重则视情节给予处罚，甚至有必要将一些害群之马清理出门户，这就是“功必赏，过必罚，误必惩，绩必奖”。这样才能整风肃纪，正本清源，权威才能不被动摇。孙子兵法有云：“视卒如婴儿，故可与之赴深溪；视卒如爱子，故可与之俱死。厚而不能使，爱而不能

---

①钱卫清.你活得好吗——法律养生让生命无忧［M］. 北京：北京大学出版社，2013：148-149.

令，乱而不能治，譬如骄子，不可用也。”

司法不像行政执法，它具有被动性，就是用以处理各种纠纷的，一般奉行“不告不理”原则。企业要做到“公正司法”，就是对于发生的一些纠纷，应当用一种更公正、更科学的方式予以解决，这便应当给予员工为自己辩护、申诉的权利。有时候，员工为自己辩护，上级会大喝一声：“你难道还想狡辩吗，都这个份儿上了难道你还死不认错吗，你要再这样就给你罪加一等。”员工纵有千言万语，纵有一肚子委屈，也会吓得噤若寒蝉，心生怨恨。这样，对于企业的团结协作是极为不利的。要知道，法院刑庭进行庭审时绝无可能堵住被告的嘴，特殊情况还应当通知法律援助机构为其聘请律师。犯罪嫌疑人行使法定的辩护权，很多时候并非其死不认罪，而是要充分摆事实讲道理，寻找对自己有利的情节，并促使公检法正确理性行使权力。他或许也有难言之隐，有从轻、减轻甚至免除处罚的情节。企业在对待自己员工时更应该怀着一颗仁慈的心，有时员工是过失、胁从犯，或是不得已而为之。我们要把正常的辩护和狡辩区别开来。其实好好地谈妥了，事情根本不会像预想的那样糟。法院要做到公正司法，就是要居中裁判，让控辩双方“平等武装”是程序正义的基本保障之一，原告和被告都有可能是弱势群体，一旦不能平等相待，连其说话和发声的机会都被强制剥夺，其内心就会生出强烈的不公正感，这样司法公正的实现就是一句空话。[①] 企业同样要做到“公

①陈瑞华. 看得见的正义［M］. 北京：北京大学出版社，2013：76-85.

正司法”，就应当倾听别人的声音，要摆事实讲道理，拿出充足的证据和理由来，才能真正让人信服。

（一）“恶法非法”与法的实施

法律的修改，指的是权力机关依据法定的程序，通过对法律文本的增加、插入、删除、替换等方法，达到完善法律规定目的的一种立法行为和制度。从它的定义中，我们可以看出法律修改的目的是为了尽善尽美。许多人说：我们可以在坚持“恶法亦法”的前提下，对法律进行修改以求不断完善，最高法院、最高检察院可以出台司法解释，法官在进行法律适用时可以通过引用法律原则，来弥补法律规则的漏洞，以求使判决达到一个合情合理的结果。

这样的说法看似很有道理，可我认为是自扇耳光。现实情况不是如此。

因为，坚持恶法非法的目的除了保证社会公平正义以外，最关键的一点就是它能够让法律的完善提上日程。立法者也不易预察到今后会发生什么状况，这个世界每天都处于变化之中，今天产生的事物，明天就可能过时，也许今天制定的法律，明天已经不适用了，因此我们设立了法律修改制度，法律也必须时刻保持与时俱进的态度，唯有如此，法律才能真正落到实践之中，才能最大限度地发挥其普适性。恰恰是坚持恶法非法，永远感到不满足，才会注重完善法律，才是高度负责的表现，才会不断进步。只有相应的法律完善了，有法可依、有法必依、执法必严、违法必究等依法治国的环节才能顺利展开，中国的法治建设才能逐渐步入正轨。法律如此，人也如此，一个人也只有不把毛病和个性混为一谈，才能以“毛病非个性”来指导自己做人做事，不断突破，发扬优点，修正错误，才能得到周围的认可与欢迎。

刑法规定了危险驾驶罪。立法者认为，如果不将野蛮驾驶的行为入刑，就将有很多人毫无顾忌地飙车与酒驾，公共道路安全将如何保障？立法者还认为，一些经济犯罪，在新时期有取消死刑的必要，否则是罚不当罪。若不修改，刑法在这些方面不就具有“恶”的性质了吗？于是才会有接下来“修正案八”“修正案九”的相继出台，才会有危险驾驶罪、恶意欠薪罪的入律以及票据诈骗罪、集资诈骗罪等多个罪名的取消死刑。很多人对此表示担心，这会不会使刑法威慑力降低呢？会不会纵容犯罪呢？其实，这些担心是多余的。因为，在法律修改过程中，立法机关会反复听取各个方面的意见，调取了大量数据，研究了大量案件，保证修改法律的合理性与正确性。这即是“法律的正当程序”。还有《行政诉讼法》《环境保护法》《公司法》等一系列法律的修缮，这些都使我国的法律体系更加符合国情需要。恶法非法本身注重的是一种公平，因此，立法者对于法律的修改必然会融入庄严的使命感。正如习近平强调，实践是法律的基础，法律要随着实践的发展而发展。转变经济发展方式，扩大社会主义民主，推进行政体制改革，保障和改善民生，加强和创新社会管理，保护生态环境，都会对立法提出新的要求。我国的领导集体是良法善治的坚定践行者。我坚信我们的立法者是坚持恶法非法的。如果他们坚持恶法亦法，恐怕根本不会这么拼，根本就不会尽全力去逐字逐句推敲、完善每一条法条，他们会想："反正也没人敢抗法不遵，修法如此伤神费力，有这功夫还不如用来吃喝享乐呢。"

恶法非法的理念，同样也深深地渗透到了司法领域当中。虽然法官必须要以事实为根据、以法律为准绳，但如果僵化地适用法律，生搬硬套现成的条条框框，是图省事而不负责任的行为，只能适得其反。

19 世纪美国曾审理过一个名叫"里格斯诉帕尔默"的经典案件。帕尔默的爷爷是一个富商，家财万贯，但其膝下无子，又重男轻女，因此立下遗嘱：死后所有财产将全部由孙子帕尔默继承。这位纨绔子弟可谓含着金勺子出生，自然是养尊处优，好逸恶劳，甚至盼望爷爷早日驾鹤西去以尽快一步登天。后来，他生怕爷爷改变主意，竟然把老人毒死了。

帕尔默因罪入狱是不可避免的，但他是否有权继承祖父遗产，法官们产生了巨大分歧。帕尔默的辩护律师认为：被告所处的纽约州并未规定杀人者会丧失继承权，应当严格按照法律的规定来下定论。坐牢和继承权利完全是两码事，不应一并而论，否则，就是擅自篡改法律，岂不是用道德标准来扭曲法律精神了吗？况且帕尔默已经服刑，若再剥夺其继承权，这不是又额外给被告扣上了一把枷锁吗？部分法官对此也表示赞同。

可另一位法官厄尔表示反对：如果我们让杀人犯继承了遗产，

法律的正义何在？这世上还有没有天理了？如果爷爷知道孙子会杀害自己，还会不会放心将财产全部交给孙子？恐怕不是。立法者的目的，会不会让杀人犯继承财产？被告继承长辈财产，不但不知图报，反而狠下杀手，这种不忠不孝、大逆不道的行为，若不给予严惩，如何以儆天下，法律的尊严和脸面何在？

最终，厄尔法官的意见得到了采纳，法官们引用了一条法律原则：人不能从自己的错误行为中获得利益，从而剥夺了帕尔默的继承权。

继承是公民生活当中的一件大事，许多人为了最大限度地分得遗产而争斗不休。民法规定了继承权的丧失制度，就是为了防止人们在继承遗产的过程中相互争斗甚至造成伤害，以保障继承的顺利进行。当然，我国也从这个案例中吸取了宝贵经验，我国《继承法》规定：继承人遗弃被继承人，或虐待被继承人，情节严重的，丧失继承权，除非同时具备以下两种情况，才可以不丧失：第一，洗心革面，幡然悔悟；第二，得到被继承人的谅解。二者缺一不可。而继承人故意杀害被继承人的，不管其动机如何，且无论既遂或未遂，一律丧失继承权。

继承，一般都是晚辈继承长辈的财产，而且被继承人大多是继承人的父母。晚辈杀害长辈，在古代属于“十恶不赦”中的一恶，犯十恶者，“为常赦所不原”。在现代也必须在根本上予以否定，不仅在人身上遭到严惩，在经济上也得不到任何好处，这正是以法律形式断绝了一些人的图谋不轨。

法律规则和法律原则是法理学的基本概念。法律规则是具体的、易行的，法律原则是模糊的、难以操作的。一条完整的法条，就是表述了一个法律规则，它对人们具有直接的指导意义，也是法官进行法律适用的最直接依据。因此，穷尽规则，才可适用原则。但在某些特殊案件之中，如果机械适用规则会导致个案的极端不正义，此时，应当进行法律原则的适用，以架空规则，使公平正义得到更好落实。否则，表面看起来是依法办事，实际上是对法律本质的天大误解。

当时，如果美国的大法官们坚持了恶法亦法，不用说，他们一定会很自然地采取“继承权与其他一切无关”的法条，而不会挖掘更深层次的法理。换个角度想，即使法院做出允许帕尔默继承祖父遗产的判决，难道就错了吗？当然不是，至少在当时完全不是个错判，而且更加合乎法律规则，更加贴切于“以法律为准绳”的刑法原则，或许也不会让众人不服。可无论是以当时的视角还是现在的眼光来看，这个判决是正确的。正是坚持了恶法非法的理念，才敢于利用法律原则来消除法律规则“恶”的一面，否则，世界法律史恐怕就要改写了。

（二）良法之治与遵纪守法的统一性

当然，许多人肯定会担心，坚持恶法非法，可能会导致很多潜在的社会问题，一些人就有了逃避法律处罚的借口，公民岂不是都能以“恶法非法”为由来对抗法律吗？我们不得不提及一个问题，如果人们主观认为法律是恶法，来抗法不遵，那法律还用被遵守吗？法律不就成了一纸空文了吗？法律不可能顾及每一个人的利益，不可能得到所有人的喜欢，许多良法对于某些人而言反倒成了恶法。

然而，是这样吗？

当然不是。

对于少数人来说，良法是禁锢，是牢笼，因为他们不去遵守法律，并将其看作“恶法”，进而大言不惭地强调“恶法非法”。这些人若是触犯法律，必将受到惩罚。所以，我们必须看到，对于绝大部分人来说，良法之治与遵纪守法二者是辩证统一的关系，谁也离不开谁。全社会营造出遵纪守法的氛围，进而推动良法之治的进程。我们要让严格执法、全民守法与良法之治得到充分的融会贯通而不是对立。好的规则就是良辰美景，是人心向往的事物，自然大家都会怀着强烈的皈依感去认同、去遵守，故意抗法的人只是少数，因为违法的成本是高昂的，即使不会导致人身或金钱的损失，也会招致外界的负面评价。员工不守企业规章制度，会受批评、扣工资，甚至降职、解雇；学生不守校规，也会被罚站、写检讨。我上学时特害怕老师开启“请家长”模式，所以我是不敢轻易将班主任惹恼的。同样地，相对于更为“强势”的政府机关而言，普通百姓属于“弱势群体”，政府执法有国家强制力作为保障，人们一旦违法，便会招致相应的处罚，因此，老百姓是绝不敢轻易违法的。

我们需要把责任厘清，唯有如此，才能明白良法之治与遵纪守法并不矛盾。我们坚持恶法非法，并非是针对普通老百姓而言，老百姓当然难以以“恶法非法”为由来抗拒法律。恶法非法，更是对立法者而言的，保证良法的施行，是立法者的责任。“得民心者得天下”“得道多助，失道寡助”，这样的名言警句绝不是说给老百姓听的，而是对统治阶级的深深告诫，社会上任何一个组织的兴衰，几乎都是领导层所引发的。“二战”时，法西斯士兵接到进攻的命令，他们没办法回避，更不能抗拒，那就是犯上作乱。抗命不遵者，斩！谁敢后退一步，立刻枪毙！许多人并不愿意充当杀人的爪牙，他们被统治者、立法者给洗脑了，真正可恨的是那些动武的决策者们，是他们下达了惨无人道的指令，是他们黑心的恶法让全世界陷入地狱。自然法学派认为若国家颁布的法律是良法，即具有正当性，那么公民理应遵守，我们从中可以看出，公民的守法行为具有主动性。而实证主义法学派认为公民遵守法律是因为它是国家颁布的，具有合法性与强制性，因而必须遵守，这也展现出守法的被动性。但是，无论是主动还是被动，从公民和国家的角度来看，公民都具有守法的义务。每一个人和国家之间是有契约的，公民付出了他们的外在自由即遵守法律，并享有法律所赋予的权利，权利和义务是对等的、对应的。因此，我们从权利和义务的关系来看，公民守法具有必然性。在我国，公民的权利和义务具有一致性，每个人既是享受权利的主体，又是履行义务的主体。老百姓有遵守法律的义务，便有要求上层阶级制定良法的权利；上层有要求下级服从的权力，那么他便有制定良法的义务。

有“良法”无执行，就得不到真正的善治。对于广大人民群众而言，必须以国家主人翁的姿态，树立正确的权利义务观念，忠实地履行宪法和法律规定的各项义务。但是，很多人不能自觉地履行义务。有人生产销售有毒有害食品，有人酒后驾驶，有人鸡鸣狗盗，这些都是不履行公民义务的典型案例，不仅仅违反了法律规定，更重要的是损害了不特定多数人的合法利益。美国著名法学家伯尔曼教授说："法律必须被信仰，否则它将形同虚设。"一个人如果没有信仰，就会缺乏敬畏之心，就丧失了最基本的原则。每一个人都要树立法治信仰。

在我国，公民有维护国家统一和民族团结、遵守宪法和法律、保守国家秘密、保卫祖国和依法纳税等基本义务，也有很多人为此忽视了遵守公共秩序、尊重社会公德等这些小的细节，但它们也都在法律的规定范围之内，也具有强制力。胡适先生说："一个肮脏的国家，如果人人讲规则而不是谈道德，最终会变成一个有人味儿的正常国家，道德自然会逐渐回归；一个干净的国家，如果人人都不讲规则却大谈道德、谈高尚，天天没事儿就谈道德规范，人人大公无私，最终这个国家会堕落成为一个伪君子遍布的肮脏国家。"我们从小就要对孩子进行规则教育，规则是人类区别于动物、摆脱丛林法则的一个标志，任何自由都不是绝对的，不讲规则实际上就是不讲道德、不讲法治。社会上普遍认同的规则包括乘车时先下后上，乘坐电扶梯时要统一站在右侧以将左侧通道让出来给赶时间的人快速通过，开车转弯时必须及时打开转向灯，这些"良法"需要每一个人自觉维护。当然这些必须是被普遍认同的良好规则，不能是"潜规则"，良好的规则才能造就良好的秩序。比如，张瑞敏刚接手海尔公司时规定：不准在车间大小便。这样的规则，你能说它是个“恶法”吗？难道不应该严格遵守吗？否则，员工的基本文明素质如何得到改善？良好的生产环境如何保障？外界会怎样看待这样一个企业？一个单位的规则如果确认是良法，就应当用铁的纪律加以维护，任何一名员工都必须服从。

因此，当有些人怀着强烈的认同感要求有关部门制定良法的同时，也要扪心自问，是否真正尽到了自己作为一个新时期社会主义公民所应尽的义务？我们必须意识到，全民守法是法治中国的基础，中国的法治建设与公民的守法意识、守法程度有关，只有所有的群众自觉地参与到这项工作中来，才能真正推动法治中国的进程。

与守法者相比，立法者更应该切实履行制定良法的义务。正所谓上梁不正下梁才会歪，自己都不用心去制定法律规则，没有公民权利意识，又有什么资格要求他人遵守呢？就前文提到的那位不想讨论恶法是否亦法的老师，他就是一个“独眼龙”，只看到了学生们“全民守法”的义务，却看不到学校“科学立法”的义务。严于律人而宽于律己是不可能得到人心的，你拥有了制定法律的权力，拥有了让违法者受到惩处的权力，那么，你就有保证你所立之法是良法这义不容辞的责任：制定良好的公司经营计划和投资方案、基本管理制度（企业之法），是董事会、管理层的责任；制定良好的教育和管理制度（教育之法），是校领导层的责任；制定良好的家庭规范（家庭之法），是家长的责任。立法者应当日省吾身：吾所立之法是良法乎？

当然，我们也必须看到，为了使他们更好地履行义务而免受外界干扰，有必要创造一个独立的立法环境，从而最大限度实现立法的公平公正。这一环境需要立法者、全社会和每个公民共同努力来打造，其中最关键的就是立法者。在许多人的眼里，他们手中有着至高无上的权力，更是理性的群体。有时候，这些人往往也会变得不那么理性，甚至把立法当作儿戏。著名法学家萨维尼在《论立法与法学的当代使命》中说过，所谓的立法激情，只是一种漫无边际的孤魂野鬼，罪魁祸首当数那些自命不凡的精英。在条件不成熟时仓促上马，很难达到初衷。

所以，立法者应该时刻保持一种理性的思维，认清自身权力的同时，更明白被赋予的义务。当然，这里的“立法者”应当做最广义的理解，不仅包括国家机关，也包括企事业单位中有权制定规则的群体，甚至连家长也应包括其中，因为家中也有家法的存在，孩子不听话，家长可能会打骂孩子，但家长应当保证自己的“话”是“良法”，这样才能真正起到良好的教育作用。

许多人会说：“社会就是这样不公平，你能改变得了吗？”我觉得这句话虽然现实，但是太冷血，没有人情味。如果我是一家公司的老板，我不会对员工说什么“你在这个公司上班，你就必须无条件遵守公司规则”，而是要坦诚以待，要说清楚公司规则的“立法理由”是什么，让他们真正信服。员工当然要守规则，但规则必须是合情合理的，这恰好应和了亚里士多德的“遵守法律”与“良善之法”的双重标准。员工的力量是渺小的、孱弱的，当然不可能对公司规则做出改变，要改变的是我。我应当把公司的利益、员工的利益放在重要的位置，制定一个切实可行的企业良法是我义不容辞的责任，这一点如果我都做不好，我的公司注定不会有光明的未来。有一种说法，“一流企业知道如何制定规则，二流企业知道如何创品牌，三流企业知道如何订立价格”。这就要求我必须真正用心去“立法”，不断学习，提升水平，掌握必备的立法技能，制定完善好内部控制、信息安全、激励、产品研发、市场营销、薪酬管理等制度。美国通用汽车公司前总裁墨菲说：“我认为一个成功的管理者必须具有了解别人的能力，并能够同部下充分沟通。我个人尤其重视沟通这一渠道。”要进行民主立法，可以定期或不定期召开会议，听取各方面的意见和建议，打开天窗说亮话，真正了解基层情况，知晓他人心中所思所想，了解外界形势的变化，及时对公司规则进行立、改、废，这样才能更好保障员工利益，还能拉近彼此间的距离，消除隔阂，增强干劲，让公司得到更好更快的发展。

六、完善监督机制

立法通常是指特定国家机关依照一定程序，制定或者认可反映统治阶级意志，并以国家强制力保证实施的行为规范的活动。它是一个极其严谨的工作，是国家治理中最为关键的一环。在我国，每一部法律，都是立法者基于时代背景、社会形势、人民呼声，邀请最顶尖的专家参与并充分听取各方意见及建议之后，经过严格的表决、公布程序后才制定完成的。立法是汇集众人之所长，造福天下的伟业。如今的立法，更强调民主性，也就是从“关门立法”变成了“开放立法”。它可以让公众的意见在立法过程中能够得到比较充分的反映，使法律真正体现和表达公民的意志，真正成为保护人民财产权利和人身权利的良法。一方面，这就要求立法者更要认真用心去立法，真正树立以人为本的意识，如果不能取信于民，那么一切工作都变得毫无意义。因此，所谓的民主立法，绝不能是遥不可攀的高岭之花，而是要俯下身子深入群众，只有接得了地气，才能聚得拢人气。群众不理解的法规内容，要细致耐心讲解清楚；新的政策变动，要及时有效落实下去。权为民所用、情为民所系、利为民所谋不是简单的一句话，而是需要真正落实到实践之中。

另一方面，民主立法要求立法主体具备并努力提高民主立法的素养和能力。俗话说，没有金刚钻，就别揽那瓷器活。这种素养和能力的培养不能一蹴而就，它需要在实践中不断思考和总结。立法者在制定法律时要让群众感知到公信力，自觉接受监督，提高群众参与度，不搞那些花里胡哨的东西。增强对立法者身份角色的认同感，以促进公平正义为己任，强化责任意识，提升立法水平和质量，维护法律的公信力。

兼听则明，偏信则暗。如果说，民主立法就是要多听方方面面的意见，多吸取社会智慧，那么科学立法就是要实事求是，不能拍脑袋做决策。它是新形势下对立法工作的新要求。古人云：“立善法于天下，则天下治；立善法于一国，则一国治。”2011年的两会上，吴邦国委员长宣布：一个立足中国国情和实际、适应改革开放和社会主义现代化建设需要、集中体现党和人民意志的，以宪法为统帅，以宪法相关法、民法商法等多个法律门类的法律为主干，由法律、行政法规、地方性法规等多个层次的法律规范构成的中国特色社会主义法律体系已经形成。这意味着，“有法可依”的目标已经实现，法律在数量上应有所保证，但不是多多益善，太多的法律往往会让人无所适从。老子说，“法令滋彰，盗贼多有”，现在更要严把质量关，努力做到尽善尽美。现如今人们更关心的是法律法规好不好、管用不管用，只有全面推进科学立法，才能实现立法质量的全面提升。因此，它要求立法过程中尊重和体现规律，主要包括两个方面：一方面是立法需遵循所调整的社会关系的客观规律；另一方面是立法要遵循立法工作本身的规律。“态度决定一切”，在尊重和体现规律的同时，应该具有科学的立法态度。正如马克思所说的那样，立法者应当“把自己看作一个自然科学家，他不是在创造法律，不是在发明法律，而仅仅是在表述法律，他用有意识的实在法把精神关系的内在规律表现出来。”脚踏实地、实事求是，时刻不忘肩上的使命，这才是应该持有的态度。

此时此刻，不禁联想到自身，仍记得刚上研究生的时候，期末论文作业写得乱七八糟，因此，我导师给我这样的评价："我觉得你写这篇论文，要么是不认真，要么是没有专业理论基础。"这样的批评可谓是一针见血。既要认真用心，又要有相应的知识储备，才能写出别具一格的优秀论文。当时，我不仅缺乏认真严谨的态度，又没有较高的学术水平，以致没有较好地完成论文任务。之后，我深刻反思，逐渐端正学习态度，进而取得论文写作水平的进步。

天下之事莫不如此。立法亦然。历朝历代的大多数统治者在立法活动中，要么是不认真，要么是没有立法的专业理论基础，所以才把天下搞得乌烟瘴气、一团糟，断送了锦绣江山。而现在我国格外重视立法工作。九届全国人大四次会议提出："力争做到立法决策的民主化、科学化"；十届全国人大五次会议要求："科学立法、民主立法继续推进，立法质量进一步提高"。党的十七大提出："要坚持科学立法、民主立法，完善中国特色社会主义法律体系。"十九大宣布成立中央全面依法治国领导小组，作为深化依法治国实践的顶层设计，发挥其对全面依法治国进程统揽全局，协调各方的作用。这一系列的工作都表明了我们力争良法善治的态度和决心。

良法之治贯穿了法律实施的全过程，不仅包括立法、执法和司法，法律监督是法律实施的重要部分，要有国家机关相互之间的制约，各种社会组织和公民监督。不受监督制约的权力是可怕的，它就像一匹脱缰的野马，恣意践踏路上的行人。权力是把"双刃剑"，运用得好，可以指挥得法、令行禁止、造福于民；权力一旦被少数人滥用，超越了底线，就可能滋生腐败，贻害无穷。同样不受监督的法律随时都会演变成恶法，并在这条道路上越走越远。例如，我国曾经的《人身损害赔偿解释》，规定农村人和城市人分别适用不同的人身损害赔偿标准，造成“同命不同价”，这就明显违背了公平、正义的普世价值原则，让受害者怨声载道，难道这就是所谓的正义吗？法律面前人人平等的基本原则也被弃之不顾。可见，建立一种强力有效的法律监督机制尤为重要，它可以防止非正义的恣意横行，可以将权力关进笼子里。我国是人民民主专政的社会主义国家，人民是国家的主人，为了保护广大人民的根本利益，必须建立起有效的民主监督机制。由此，才能更好地监督和制约国家权力，维护人民的权利，推进我国法治建设的进程。

对于良法而言，智者千虑，难免也有一失。即使再优秀的立法者，也会有许多意料不到之处，不可避免地会出现一些问题，即使是一部确实没有任何毛病的法律，也扛不住时间这个敌人，滞后性会渐渐显露出来，此时法律便有“恶”的性质了。不仅如此，法律在应用于社会实践时，总会有意想不到的困难，无论是问题还是困难，都是一个对法律不断修订和完善的过程。在我看来，倘若真正用心、认真去制定好每一部法律，又具备了立法的能力与知识储备，我想即使法律出了问题，至少也不会很严重。

正义女神源自古希腊神话。她一手持天平，意味着衡量法律；一手持宝剑，代表了维护法律，它体现了良法之治和严格执法的双重意义。最引人注目的是：她的双眼被一条丝带蒙上。这不是失明，而是一种自我约束，杜绝一切干扰，不开小差，不被各种偏见和利益所左右。发现犯罪是公、检的职责，法官要做的是公正裁判，不偏不倚，不枉不纵，“你要用心灵去关照，用心灵的眼睛去洞察事情的真相。”

正如著名法学家边沁所言，在一个法治的政府之下，善良公民的座右铭即“严格地服从，自由地批判”。这不就恰到好处地阐明了法治天平的两个砝码吗？正义女神一手持天平，一手执宝剑，这到底意味着什么？想要进行自由的批判，必须要建立一种监督制约机制，“国无法不安，党无纪不治”，工作做到公开透明，方便监管，及时发现问题、及时改正问题，纠偏纠错快速直接，杜绝违规现象，成就一个全方位、无缝隙的监督体系。这就要求进一步加强制度建设，责任到人，指标明确，认真执行和不断完善各项制度。立法需要广大民众的参与，如果仅靠一个或几个人的“专业理论基础”，其实就是一种“不认真”。

我们常说，不论研究哪一门学问，只有在批评中才能获得长足的进步，在溢美之词的笼罩下，结果只能是沾沾自喜、故步自封。《弟子规》有云：“闻过怒，闻誉乐，损友来，益友却；闻誉恐，闻过欣，直谅士，渐相亲。”伏尔泰有句名言，“我不同意你的观点，但我誓死捍卫你说话的权利”，这句话发展到今天就演化成为“当权者要容得下尖锐批评”，而要容得下尖锐批评，就必须给予批评的渠道吧。刘邦、曹操、李世民之所以能取得成功，就是因为他们具有博大的气度和襟怀，善于用人、善于倾听，懂得采纳别人的意见。让人说话，天塌不下来，聪明的领导者总是特别注意听取群众的呼声，根据现在民主政治的要求，政治事务必须公开化、透明化，每一位公民都能表达自己的意愿，发出自己的声音，人民享有最广泛的话语权，否则人民当家做主只是一句空话。[①]

人民群众的监督也就是所谓的社会参与式监督。它能够广泛调动全社会的力量，利用公民和社会舆论的方法，成为实现社会监督的最广泛形式。但是，我们也必须看到，社会监督仍会面临着重重压力。民众在公开表达自身利益诉求的过程中，

①冯玉军. 法论中国［M］. 北京：清华大学出版社，2015：27.

难免会触碰到各种利益关系，有时候，这种自由的声音就被压制下来。基于此，对于社会监督来说，就必须打造一条顺畅的监督渠道。扩大群众的知情权、参与权、选择权和监督权，让他们真正参与到监督的进程中来。经过参与者讨价还价的博弈过程而形成的规则要比单方面制定的规则应用得好，经过社会各方、各阶层的真实代表相互博弈、相互协商而形成的规则是人们真实意思的表达，参与者有强烈的责任感和义务感，能够得到人们的认可、尊重和执行。当然，民主可能会在一定程度上降低效率，会把一些本该简单的事情复杂化，增加成本，但要知道，一部优秀作品，必然是经过反复推敲，千锤百炼才能大功告成。

民主协商是权力制约的一种必要手段，仍然是利大于弊，它很好地回答了权力如何运用这个问题，我国《宪法》在开篇序言中便强调政治协商在我国民主生活中的重要作用。中共十八大和十八届四中全会都一再指出，协商民主是社会主义民主的重要形式，并且要求完善协商民主制度和工作形式，推进协商民主广泛多层制度化的发展。不仅如此，新闻媒介更应该提高自身的素质，自觉承担起监督的重要作用。海纳百川，有容乃大。大海之所以广阔无垠，是因为她广阔的胸怀，勇于接受一切淤泥污垢。赫胥黎曾言：“对一个国家民族而言，专制和蛊惑无论如何都不是政府的必然选择，自由和秩序也决非不可融会，敬畏应当服从知识，自由讨论是真理和国家真正统一的生命。”

李时珍著《本草纲目》花费 27 年，《徐霞客游记》34 年才得杀青，马克思完成《资本论》更是历经 40 年的风雨坎坷。而立法远远比著书立说要复杂得多，事前想得清，事后就不会穷折腾，否则，会在法的实施过程中发生执行难、适用难、遵守难，还要推倒重来，这才是更加误时误事。要在公平的基础上兼顾效率。《孙子兵法》强调不打无准备之仗，预则立不预则废。[①] 磨刀不误砍柴工就是这个道理，计划越周详，事后出错的概率就越低，没有计划的行动就是盲目作为。美国企业家理查·S. 史罗马在《无谬管理》一书中指出："一件方案，宁可延误其计划之时间以确保日后执行之成功，切勿在毫无适切的轮廓之前即草率开始执行，而最终导致错失该方案之目标。"

---

①《孙子兵法》作战第二："凡用兵之法，驰车千驷，革车千乘，带甲十万，千里馈粮；则内外之费，宾客之用，胶漆之材，车甲之奉，日费千金，然后十万之师举矣。"意为：要兴兵作战，需做的准备有：轻车千辆，重车千辆，全副武装的士兵十万，并向千里之外运送粮食。那么前后方的军内外开支，招待使节、策士的用度，用于武器维修的胶漆等材料费用，保养战车、甲胄的支出等，每天要消耗千金。按照这样的标准准备之后，十万大军才可出发上战场。否则贸然上马，只能一败涂地。孔子也说："以不教民战，是谓弃之。"意为：让没有受过专业训练的人上战场打仗，就是在抛弃他们。孙武和孔子，一文圣一兵圣，二位先贤同样十分强调事先准备工作的重要性。

法国启蒙思想家伏尔泰，反对君主专制，主张天赋人权，提倡自由平等。他被称为“欧洲的良心”。

法律需要自由的讨论，在讨论中，人们逐渐树立起法治意识，增强法治观念；在讨论中，国家呈现出一种自由的氛围，引导整个社会向善。法律也要接受人们批评，给予人们提意见的机会，使得法律日臻完善，尽善尽美。当然，人们在批评之前，应该自觉树立起法律的信仰，有信仰，才能更好地配合法律的执行，才能更自觉地指出法律相关问题。

七、小结

亦或可以这样说：老百姓难以用“恶法非法”为由来抗拒法律；老百姓有权以“恶法非法”为由要求立法者修改完善法律；立法者必须以“恶法非法”为最高准则来制定法律。这便做到了立法、守法与民主这三者的有机统一，实现由“管理”向“治理”的转变。①

一部蔓延几千年的世界法律史，其实，就是一部“好习惯”与“坏习惯”的漫长战争史，也是“天理人权”与“统治阶级意志”的激烈抗争史。回首今日，我们终于可以欣喜地发现，“公平正义”的理想之光，已经重新照耀了许多国家的法律殿堂，那些违反公平正义、践踏“自由平等”的坏法律和司法坏习惯，也正开始在全世界范围内渐渐败退和逐步消失。②苏格拉底说：“法是正义的表现，也是强者的意志。正义既是立法的标准，也是立法的共同本质。”立法者更应该把社会的公平、正义放在首位，把人民群众的利益放在首位，同时，建立起良好的监督制约机制，保证权力在阳光下运行。如此，才能让法律真正惠及人民，让政府真正成为为民请命的公仆，让良法善治真正成为为国为民的法宝。

---

①相比“管理”，“治理”的包容性更强，它更强调法治化、多元化、协调沟通、发扬民主、官民互动、转变政府职能，而非单一的、自上而下进行管控。

②余定宇.寻找法律的印记［M］.北京：法律出版社，2010：2.

第二章
良法善治与“大家”和“小家”

创业难，守业亦难，须知物力维艰，事事莫争虚体面；

居家易，治家不易，欲自我身作则，行行当立好规模。

——吴玉章

当今，随着中国特色社会主义市场经济的确立、发展以及成熟，自由的市场环境让各行各业都涌现勃勃生机。自 20 世纪 80 年代以来，改革开放为社会所带来跃跃欲试的强烈氛围，让“创业”成为人们纷纷推崇的毕生目标，大批创业者如战神般投身商海，背水一战，最终成就伟业，一个又一个商业神话频频出现。诸如冯仑、潘石屹、刘强东等，原本只是些一文不名的穷小子，凭借着自身的不断顽强拼搏与国家经济政策的利好机会，最终获得成功。

伴随改革开放走过了 40 周年，先行一步的创业企业已进入“守业”阶段，且随着市场环境的不断变迁，互联网信息时代的日新月异让新的创业企业每年都如雨后春笋般不断涌现，这催生了许多创业者，同样也有不少人被淘汰出局。

手机行业竞争日益激烈，墨守成规、故步自封的商家躲不过被淘汰的宿命。诺基亚手机曾经真的是人手一部，占据了中国手机市场的大半壁江山，从高中到大学，我共用了 3 部诺基亚，在其如日中天的时候，诺基亚不是弱势群体吧，可现在呢？其后，苹果手机以其自身特立独行的营销模式开辟了一个不断向上攀登的市场，这并不是因为幸运女神的垂青，而是“乔帮主”带领的苹果公司运用其敏锐的市场嗅觉、过人的前瞻能力、成功的市场策略最终成就了 iPhone。我们还看到当年手机行业的又一个龙头摩托罗拉，曾经屹立不倒稳坐高位的大品牌，近些年也一直在走下坡路，并被谷歌公司整体收购，没有避免被淘汰的命运。银行工作是许多人羡慕的铁饭碗，中国内地多家银行占据世界五百强的鳌头。可这不是松懈的理由，现今银行业面临的问题着实不小，必须昂首向上，攻坚克难，不能动摇。所以说，“前瞻不次于经验”，不管在任何行业，最需要的是“创新”，是“改革”，是比打江山的同行还要高出一筹的整体能力。据统计，中国民营企业的平均寿命仅有 2.9 年，每年有几十万家企业濒临倒闭，面临着难以跨越的转型瓶颈，尤其在 2020 年的开篇，受新冠肺炎的冲击，经济存在较为沉重的下行压力，“创业难，守业更难”又成为一个时代所思考和反映的问题。

而当我们带着这个问题，将眼光投向历史的长河或者身边的生活中，我们不难发现，“创业难，守业更难”，从来不只是一个商业问题，而是关乎国家存亡、个人发展、家庭和睦的永恒命题。它看起来浅显易懂，浅显到谁都能侃侃而谈；它又非常深奥，深奥到每一个人都要穷其一生去品读。

中国，是一个拥有五千多年历史文化传承的文明古国。在悠远的历史长河中，中国从最初的夏商周开始，一直经历着雨雪风霜的洗礼，经历了历朝历代的岁月更迭。有首朝代歌是这样讲说的：“夏后殷商西东周，秦汉三分传六晋，隋唐五代延二宋，元汗朱明前后清。”一首打油诗，将中国五千多年走过的路尽览无余。

在历代统治者中，不乏一些积极进取、开明大义的英君，让国家经历了一个个太平盛世。中国人有着强烈的盛世情节，总是怀念自己曾经那“世界老大”的光辉岁月，古时候的中华大地，实在是令世界惊叹景仰的天朝上国，鲜有谁敢与中国相提并论，即使是内忧外患的北宋，GDP 也居然占据世界的五分之一。中国的盛世主要有三个，西汉的“文景之治”，唐代的“开元盛世”和清朝的“康乾盛世”，同时西周的“成康之治”和明代的“永宣之治”也是同样有名的。这几个时期有着共同的特征：它们都在国家统一、社会稳定时出现，统治者能够制定出顺应时代发展的法律和政策，因此，无论是经济、政治，还是文化，都呈现出一片繁荣发展的景象。国力强盛，人民安居乐业，军队能征善战，后宫佳丽、嫔妃成群。然而世事难料，在这各国使臣来贺，数不尽荣华富贵的背后，有多少帝王将相能够永保太平？又有多少君主能守得住父辈血汗拼打下来的江山？正所谓创业不易守业更难，中国历朝历代的全盛时期，都在这历史的怪圈中兴起、沦落……

一、国家政权的“良法善治”

刘邦，汉朝开国皇帝，作为杰出的政治家、战略家、卓越的军事家和指挥家，他登上了汉皇帝的宝座，建立了以儒家文化为代表的政权，奠定了大汉朝的基础，推动了历史发展进程。他知人善任，用人不疑，凭借过人的才能将众多贤士揽至门下，成为自己最得力的助手。刘邦的后人也大多雄才伟略，依次确立了“约法省刑”“德主刑辅”的法律思想，缓和矛盾，让国家不断发展壮大。汉朝，为我们创造了太多值得骄傲的历史和文化，如造纸术、地动仪、九章算术，它因其发达的经济、丰富的文化和超高的科技水平闻名于世。也让接下来的文景之治，成为中国真正意义上的第一个盛世王朝。

文景上承高祖，下启武帝。汉文帝实行了“黄老之术”“轻徭薄赋”“与民休息”的制度，崇尚以文治国，让国家休养生息，安定边疆，对外不搞扩张，对内不兴重赋。文帝十分节俭朴素，且为人至孝，并受一位小姑娘的影响而废除了肉刑，这成为中国法律由野蛮走向相对文明的重要里程碑。《汉书·景帝纪》记载：“汉兴，扫除烦苛，与民休息。至于孝文，加之以恭俭，孝景遵业，五六十载之间，至于移风易俗，黎民醇厚，周云成康，汉言文景，美矣！”从此话中，我们看到一个如此务实的帝王，如此贤能的帝王。景帝的儿子汉武帝，在两代帝王贤明的治国方针下，接手了一个无论是经济还是军事都接近鼎盛的强大汉朝。自此，汉武帝开始在世界称霸，强大的汉军雄狮攘夷扩土，朝鲜、百越、大宛、匈奴等被一一攻占，汉军所到之地，势如破竹，西汉元帝时代的名将陈汤那句“明犯强汉者，虽远必诛”，让匈奴蛮夷之邦闻风丧胆。自此以后的昭帝、宣帝、明帝、章帝这几位不可多得的帝王，是迄今为止所有汉族人的骄傲。

同时，我们也必须看到汉朝的最终结局，它难逃灭亡的命运，曾经的辉煌盛景如今只能留下一声叹息。打江山容易守江山难，当眼前面对的是一片繁荣景象，很多人都会沾沾自喜、陶醉其中，实际上背后的危险正在悄然袭来。终于，延续了四百多年的盛世汉朝，到了东汉末年，由于政策混乱，官宦贪婪腐败，胡作非为，即位皇帝大多年幼没有主见，凡事都由皇太后做主，可怕的是皇太后处于糊涂状态，根本分不清是非曲直，朝廷已经乱成了一锅粥，七大姑八大姨的亲戚们，都能当朝任一官半职。宦官和这些外戚们不断争斗，引发党锢之祸。面对朝廷的不作为、贪官污吏横行的状况，地方武装兴起，推动东汉政权走向灭亡。朝廷失去对地方的控制后，最后一任汉朝皇帝陈留王刘协，成为董卓挟天子以令天下的工具。

第二个真正意义上的盛世王朝，是唐朝玄宗时期。

唐朝是隋朝之后又一个大一统王朝，共 21 位皇帝，享国祚 289 年，是公认的中国强盛的时代之一，为此，世界开始称中国人为“唐人”。唐太宗李世民深悉隋朝灭亡的道理，开始注重治理国家，让百姓休养生息。“水可载舟，亦可覆舟”就是他经常给群臣讲的话。在他的以农为本、文教复兴制度下，国力逐渐强盛。唐朝确立了“德本刑用”的立法指导思想。唐高宗时期问世的《永徽律疏》是中国法制史上的光辉一页，作为中华法系的最杰出代表，对日本、朝鲜、越南等周边国家的法制建设影响深远。这些因素共同促成了唐玄宗时期的大盛世王朝。在武则天退位后的几年里，国家政局又出现了动荡。玄宗继位后马上平定叛乱，赐死了一点儿也不太平的太平公主，然后征兵二十万，杀尽太平公主残余势力的反贼。从那以后，玄宗开始潜心治理国家，重视谏议制度，完善大唐法制，鼓励开垦荒地，扫灭蝗虫，促进手工业和商业的发展，实惠于百姓。唐玄宗延续了太宗的国家治理制度，励精图治，选贤任能，重用功臣，创造了开元盛世，经济繁荣、社会稳定。可以说，他是唐朝的功臣，他重视对边疆地区的管辖，巩固了多民族国家的统一，促进了不同民族之间的相互融合与交流，历史上曾记载过这样一句话：“户口之盛，极于此。”

然而，“渔阳鼙鼓动地来”，安禄山从范阳起兵，呼啸而至，唐王朝顿时从天堂一坠而下。“安史之乱”的发生是由一系列原因造成的。首先，唐玄宗整日纸醉金迷，荒废朝政，宫廷陷入黑暗的争斗中。唐玄宗任用李林甫、杨国忠为相，包括宰相张九龄在内的正直官员先后被罢官，朝堂之上没有了忠臣的谏言。明太祖朱元璋就曾说过：“昔玄宗内惑于声色，外蔽于权奸，以养成安史之乱。”众人皆知，他所谓的“声色”指的就是杨贵妃，统治者整日如此，朝廷哪里会有什么希望。其次，唐朝在军队管控方面出现严重失误，从最初的府兵制到之后的募兵制，原本是想改变府兵逃避征调或逃亡的困境，不料导致边关将领的拥兵自重。地方节度使发展到兼管行政、财政，集大权于一身，成为豪强势力，足以和朝廷分庭抗礼，外重内轻。钱穆在《国史大纲》中提道：“安禄山的势力，是唐室用中国财富豢养成的胡兵团。此种胡兵团只吮吸了唐室的膏血，并没有受到唐室的教育。他们一旦羽翼长成，自然要扑到唐室的内地来。”由此看来，藩镇割据、宦官专权、党争内讧不断，再加上日益激化的民族矛盾，这些都导致了唐朝的灭亡。天下虽安，忘战必危，生长在一个安稳的环境中，往往忘了危险，没有危机感才是最大的危机。

第三个盛世王朝，是离我们最近，也是我们谈论最多的康乾盛世。期间康熙帝宣布“盛世滋生人丁，永不加赋”，乾隆帝也宣称“比年以来西域大奏朕功，国家势当全盛”“方今国家全盛，府库充盈”。这历来是一个颇具争议的时期，但不可否认的是，从经济方面看，清政府创造了长达一百多年的繁盛时期，GDP 占据世界的三分之一，不仅经济上繁荣，政治和文化的发展都呈现出迅猛的发展趋势，因此，它将中国传统社会推向了一个新的高峰，创造了历史的奇迹，一提起它，人们眼前便似乎闪现百姓安居乐业的温馨场景。可是，这样的美好又能持续多久呢？这被后人称之为是在风雨飘摇的世界中的一艘破船，即使是“盛世”，也只是倏忽间的回光返照。我国学者许倬云曾经说过，其实所谓盛世只是败坏的开始，这三个皇帝统治的时期已经将中国的资源挥霍净尽；清朝这一个看上去很兴旺的大帝国，其实有一半以上的岁月，是走向衰退，而不是稳定地维持一个大国的声威。清朝最终没有追上西方国家的步伐，面对列强的船坚炮利，瞬间崩塌。当时的国家已是危机四伏，衰态尽显，无论是生产力水平低下还是闭关锁国政策，抑或是面临的人口问题，都为清朝的灭亡埋下了伏笔。虽然明清时期资本主义萌芽已经显现，但它是个新出现的先进事物，在高度中央集权统治的压制下，发展极为缓慢，自然经济仍然占据主导。为了限制土地兼并，同时恢复农业生产，重农抑商的政策应运而生，这就更加让资本主义萌芽没有发展和立足的空间。不仅如此，清政府不注重科技文化发展，防民之口甚于防川，残害了大量文人学士，禁锢了思想，人民失去了言论自由。一个得不到支持的政权，灭亡是早晚的事。它被欧洲人称为“中国的中世纪”，可见，文字狱的负面后果是多么严重。此时，欧洲工业革命却开展得如火如荼，一系列的“恶法”让大清国和西方资本主义的差距越拉越大。

不光是汉唐清三朝，其他政权也颇有相似之处。

经历了康乾盛世以后，清王朝逐步走向了动荡分裂的混乱时期。太平天国，这场被称为中国历史上规模最大的农民革命，从1851年开始一直到1865年，在14年当中，洪秀全带领广大农民坚持斗争。在定都天京以后，雄心勃勃的他挥师而上，迈开北伐和西征的脚步。虽然北伐失利，但随后翼王石达开的西征军在鄱阳湖大败湘军，顺利为洪秀全赢得湖口大捷。这一支在朝廷看来只是一群乌合之众组成的民兵团，甚至让气急败坏的曾国藩要跳湖自尽。可以说，至此太平天国达到军事上的全盛时期，一时风头无两，几乎所有人都相信太平军将直捣黄龙称王称霸。

无论是《天朝田亩制度》，还是《资政新篇》，它们都沉重冲击了封建地主土地所有制，推动了社会生产力的发展，并最早提出发展资本主义的要求，这场声势浩大的农民运动进行得轰轰烈烈。然而，当人们正沉浸在这期待已久的胜利之时，当历史正准备为太平天国翻开新的篇章之时，意料之外的事情发生了：繁荣鼎盛的天京城中突发内乱，东王杨秀清、北王韦昌辉先后被杀，石达开出走，突如其来的分裂让太平天国的力量遭到严重削弱，快速堕入内讧的旋涡中不能幸免，断送了大好基业。太平天国运动本身就是农民阶级主导的，这一群体自身有着无法克服的局限性，它不代表先进的生产力，说到底，它不是一个先进的阶级，没有良法善治，它不具备把中国带入一个新纪元的能力，领导者思想腐化，只贪图一时享乐，内部为私利勾心斗角，这些都导致了太平天国失败。

再说起东汉末年的三国阶段，刘备在赤壁之战后，在得力军师和大批将领的辅助下，连打胜仗，从同宗室刘璋手里兵不血刃取得西川这块天府宝地，又在汉中之战大败张郃，斩杀夏侯渊。此时的刘备军实力迅速膨胀，更在后来的东征伐吴中节节胜利，大有一统天下、复汉兴刘之势。但是，情势的发展往往出人意料，处于顶峰之态的蜀军终未能握紧长胜的旗缨，由于刘备过于自信的临场指挥，蜀国千军万马都焚毁在夷陵大火之中，因为此，诸葛亮一手构建的宏伟蓝图顿时化作了一场梦，已然看到强烈曙光的汉室大业从此一蹶不振。当然，一个朝廷开始走下坡路也不是分分钟的事，所有的一切都是先兆，当胜利的喜悦冲昏了统治者的头脑，有谁还会去在意里面埋藏的危险呢？如同脚下早已埋好了一颗定时炸弹，不知哪一天便会血肉横飞。

由此可见，最大的敌人正是自己！

如果刘备击败了孙权，灭掉了曹魏，重兴大汉江山，我们还会说汉中之战使蜀国进入了全盛时期？假如太平天国最终推翻清政府，建立属于自己的新王朝，我们还会说湖口大捷之后的太平天国达到全盛阶段？一时的繁荣并不能代表永远的繁荣，打下江山容易，但守住江山是何等艰难，每个人都会有骄傲自满的心理，统治者更不例外。“全盛时期”绝不可能是当时的统治者自封，是任由后人评说而得之，它是一个历史的、相对的概念，取决于你把它放在哪一个阶段当中。

联想当今，我们总能听到人们在自我激励时常说的一句话：“没有最好，只有更好。”“最好”“更好”之间的差异在哪里？在我看来，“最好”是一个静止的观念，代表对理想的追求已经完成、实现；而“更好”则是一个动态的过程，它意味着不断求索、永无止境。无论是文景、开元、康乾，还是太平天国和蜀汉曾经经历的全盛，在这一个个耳熟能详的故事中，我们能得出一个结论：全盛完全不等同于永恒不败，恰恰相反，全盛的到来反而印证了“没有更好，只有最好”的“全盛定律”。回顾历史，当一个政权达到全盛时期，就注定其发展潜能进入最顶峰，已无上升的空间，如同一条抛物线，达到最高值之时只能在地心引力的驱动下迅速坠落，这是一件多么可悲的事情啊。常言道，“物极必反、盛极必衰”，有时事物发展到一定阶段，不可避免地发生反向的量变甚至质变。越王勾践经历亡国之痛后卧薪尝胆，最终走向日后励精图治的复国之路，然而复国以后的越国就得到长久安稳的统治了吗？显然没有。李白有诗云：“越王勾践破吴归，义士还家尽锦衣。宫女如花满春殿，只今惟有鹧鸪飞。”曾经的辉煌早已一去不返，只剩立于断壁之下的无限惆怅。这些如太平天国或是三国时期蜀国相类似的跌宕沉浮的例子实在是多不胜数，大部分被载入史册的王朝无不经历过“全盛”的曼妙时光，同样又全无幸免从全盛时期或快或慢滑落至式微，跌入衰亡的万丈深渊永不翻身，梦碎乌托邦。逆水行舟，不进则退，所以，“全盛”二字不是一个“绝妙好辞”，因为当它出现之时，就预示了衰落也于此不远处向你招手，随时吞噬这来之不易的累累硕果。

唐太宗常与诸位大臣谈论治国理政之道。一次谈到创业与守业哪个更难的问题，房玄龄说：“创业更难啊，反隋战争中，与各路反王互相征战，我们为了一统天下，死了那么多人，付出了如此高昂的代价。”而魏征却不同意：“我认为守业更难，历史上的君王都是在极度艰难的时候取得了天下，但无一不在安逸的环境里丢失了天下，这才是我们现今应当警醒的。”李世民说：“玄龄与我一起得了天下，历经百战，九死一生，因此知晓创业的艰难；而魏征助我一起安定天下，常常担心在富贵的时候滋生骄奢，疏忽的时候发生祸乱，所以知道保持已有的业绩更是难上加难。但是创业的艰难已经过去，保持已有的业绩的艰难，正应该和大家谨慎对待。”玄龄等人拜了拜说：“陛下说到这个道理，是天下的福气啊。”上问侍臣：“创业与守成孰难？”房玄龄曰：“草昧之初，与群雄并起角力而后臣之，创业难矣！”魏征对曰：“自古帝王，莫不得之于艰难，失之于安逸，守成难矣！”上曰：“玄龄与吾共取天下，出百死，得一生，故知创业之难。征与吾共安天下，常恐骄奢生于富贵，祸乱生于所忽，故知守成之难。

然创业之难，既已往矣；守成之难，方当与诸公慎之。”玄龄等拜曰：“陛下及此言，四海之福也。”

在历史学界中有一个永恒的研究话题：盛世为何不能永远持续下去？在我看来，不论是哪个王朝，都有其不同的生命周期，盛世和乱世总有适应其发展的体制；之所以会由盛转衰，正是因为没有长久的良法制度做保障支持。以刚才的几个古代政权为例，在高度统一的中央集权统治下，在等级制度严格的环境里，没有民主，没有一套“良法”去制约皇权，维护下层民众利益，人与人之间缺乏平等，谁都要完全服从皇上的旨意，不论国家是否富裕，百姓是否安居，只要是皇上，都有权力轻松掌管别人的性命。而万人之上的天子坐在龙椅上就是坐在刀山火海上，几乎所有皇子从呱呱坠地那天起便要面对数之不尽、或明或暗的挑战和算计，纵然一时稳坐江山，也难保稍有不慎，就落得“一子错满盘皆落索”的下场。尤其在面对一个庞大的政权时，皇帝可以做的事情有很多，正如“水能载舟亦能覆舟”的道理，他可以让王朝走上繁盛，也可以使其从全盛之巅迅速滑落，最终沦为历史中的残破一隅。

二、婚姻家庭中的“良法善治”

所谓“家国天下”，家和国从来也是如出一辙，国家面对的问题，家庭也可能出现，乃至在每一个人身上都会产生相同的命运轨迹。所以，创业难、守业更难，大到国家、中至企业，小至婚姻家庭皆是如此，如果不能用“良法”来维系家庭的善治，历尽辛苦白手起家建立的一切，随时都有可能在瞬间崩塌。

在高呼恋爱自由的今天，不论是在校园的象牙塔里，还是在熙来攘往的繁华大街上，随处可见甜蜜如丝、卿卿我我的情侣们出双入对。看着他们幸福的样子，总是让人羡慕不已，不少单身汉望眼欲穿：“要是能追到心中的女神就好啦，我一定会好好对她，这样我们就能幸福地过上一辈子了。”可是他们错了，要想追到心中的那个她，完全不是难事，我们身边丑男追到美女的经典案例屡有发生，但要一如既往快乐到永远，可谓面临九九八十一难。童话故事里，王子和公主历经波折终于排除万难走在一起，幸福和快乐永远是不变的结局，但回到现实，爱情真的就是如此简单便能收获永恒的果实吗？事实上，当每年的毕业季奏响了分手离别的悲歌，看到大学情侣们陆续劳燕分飞，高喊“毕业不分手”的学子们也一个个违背了当初的誓言，我们便能明白一时间的甜蜜不可能代表一辈子的细水长流。确实，我们大都要结婚、生子，而要努力地维持婚姻，则需要一家人用“良法”相亲相爱，才能一点一滴地建立起和睦美满的生活。我想，这是人类永恒的话题，这是一门足以感悟一生的学问。就像梁思成曾问林徽因：“有句话，我只问这一次，以后都不会再问，为什么是我？”林徽因答：“答案很长，这要用一生去回答，你准备好听我了吗？”“我爱你”这三个字绝不是随口一说，它当然需要用一生去回答、去践行。

“我能想到最浪漫的事，就是和你一起慢慢变老”，如此唯美的歌词总是如风铃般在每一个恋爱的人心中叮咚作响，让人不禁幻想这相守一生的无限浪漫。现实生活中多数夫妻还是能够白头到老的，但一定能够幸福和睦吗？未必。即使是白头到老，可能也是凑合着到老的。这就好比一个企业，虽然硬撑着没有进入破产程序，但效率低下，效益下滑，没有市场，一片荒凉。两口子常挂在嘴边的一句话是：“要不是因为孩子，早离了！”这或许是一时脾气来了放出的狠话，却可能为日后的分崩离析埋下祸根。孩子是父母爱情的结晶，更是两人生命的延续，重要性当然不言而喻。然而婚姻的构成本应更多是两人之间的爱情融合，而非单纯对孩子的责任使然，孩子只是联系夫妻感情的重要纽带而非决定性因素，孩子长大成人后也将离父母而去，开始新的征途，夫妻才是长相厮守共度一生的伴侣。法律也将夫妻关系作为最亲密的关系来对待，胜于父母子女关系。我们经常听说，孩子要离开父母的怀抱，外出寻找属于自己的天堂，打拼出一片天地；可有没有听过妻子要离开丈夫的怀抱，远走高飞的？大学 4 年孩子能够长期在外求学，但夫妻能分别那么久吗？有新闻提到，每年的六七月份，是中年夫妻的离婚高潮，早过了七年之痒，他们之间已经没什么感情，只是因为孩子才勉强扛着，高考结束也就顺理成章正式摊牌。好比只有生理反应而无心灵感应的植物人一样，这样的婚姻只能算是形式上的延续。如果说婚姻是从恋爱修来的一场事业，那这样的婚姻大业可谓名存实亡，失去了它的真正意义。无爱的婚姻对孩子来说是个莫大的摧残，夫妻恩爱是对下一代最好的教育与感召，因为孩子能在耳濡目染中获得无穷的正能量。

曹植在诗中所云："弃身锋刃端，性命安可怀。父母且不顾，何言子与妻。"古人强调忠君爱国，必要时可以"抛妻弃子"，但无论如何也不能对父母有半点不敬。妻子没了可以再娶，儿子没了可以再生，但父母只有一个，是无法替代的。大将吴起曾经为了功名而"杀妻求将"，但绝无可能"杀父求将"。始于隋唐律法的"十恶不赦"包括"恶逆"和"不孝"，这都是针对父母长辈的犯罪，是不可饶恕的；而针对妻子、子女的犯罪行为，情节就没那么严重了。

现在，夫妻关系占据了家庭关系的主导。家和才能万事兴，只有夫妻关系和谐，相互尊重、相互体谅，做到相亲相爱，共同努力打拼，才能教育好自己的孩子，才能与岳父母、公婆处理好关系，才能为身边的亲人、朋友、同事们做更多的实事。家庭不幸福的人，工作恐怕也是难以搞好的，因为他们必然将负面情绪带到工作中来。后台不牢，前台安能稳妥？因此家庭关系的和睦，也应当成为选拔任用干部的一个重要指标。促进全社会和谐稳定，抑制犯罪率，需要多管齐下，形成一股合力，这不仅是司法机关的任务，也是我们每个人不可推卸的义务，谁都不是局外人。家庭和睦者与家门不幸者相比，哪个犯罪概率更高？不言而喻。一些矛盾若无法在家庭中化解，便很可能会转嫁给他人和社会。夫妻同心，其利断金，法律对此给予了肯定。《婚姻法》以及相配套的三个司法解释当中较为翔实地规定了结婚、家庭关系、财产关系、离婚等事由，规定了夫妻之间有相互忠实、相互尊重、努力维护和睦的婚姻家庭关系的义务；对于父母子女之间的抚养、赡养关系，则描述得较为概括。

比如，向法院宣告当事人死亡的申请顺序为：第一，配偶；第二，父母和子女；第三，兄弟姐妹，祖父祖母，外祖父母。前一顺序人如果拒绝宣告当事人死亡，后顺序人无权申请，因为法律认为配偶之间的关系是最亲近的。

有统计数据显示，中国每年的离婚人数超过三百万对，离婚率连续十多年递增，超过了结婚率增幅，这样的数字令人震惊。随着生活节奏的加快，裸婚时代、闪婚时代已经来临，婚姻家庭的组成在许多人身上似乎变得越来越简单，但婚后发现双方在生活习惯、性格品味、价值观念上相去甚远，冲突迭起，于是纷纷走向闪离的不归路，尤其是“80后”离婚率的激增让人触目惊心。这充分反映了我国在经济不断发展的同时，一系列社会问题也随之迭出的现状。“80后”是一个特殊的群体，独生子女居多，家庭条件较优越而娇生惯养，婚前觉得对方好得谁都替代不了，婚后却……所谓“人生若只如初见”“情人眼里出西施”，在热恋之时，自己眼中的爱人总是好得用任何美妙之词去形容都无法表达，如同繁华盛世，处处都是美好和谐的应景之象。一旦甜蜜过后，生活中繁杂的小事总会一点一点抹去当初彼此眼中的“无与伦比”，直到感情随日子流逝而逐渐消磨，剩下一地鸡毛让人叹息不已——这样的爱情同样逃不过“其兴也勃焉，其亡也忽焉”的历史周期律。当初林则徐直言若再不禁烟，中国将无御敌之兵和可充饷之银，如果任由这样发展，我们身边将增加多少破碎之家、无爱之人。有人说，婚姻家庭的维系就是一场旷日持久的守卫战，或许会遭遇他人的介入，也可能会发现彼此的严重不足，逐渐陷入索然无味的生活中，让爱情深陷于枯竭的废井下。所以，或许只是爱情“全盛时期”里一次头脑发热便足以让你们大手拉小手地直奔民政局。但你要想清楚，这场神圣使命是一场无边际的守护，你自己便是独一无二的守护神，要想共携到老，需要的决心、勇气和耐心远远超乎恋爱中的每一次想象。无论是如花的容颜还是璀璨的光华，没有什么能够永垂不朽，世间万物总是在不断变化，我们又怎样去追求一份坚守始终的爱情呢？

一个男孩结婚后，对自己的妻子居然比婚前更好。一次聚会，朋友笑他：怎么结了婚还那么腻歪。他讪讪地笑着说道：“我追她的时候，很多男生都想追她，有很多男生会对她好，我只有对她更好才能追到她；结婚后，对她好的男生越来越少，我只有对她更好，才能不让她失落。我所做的一切就是想让她幸福。”说完，所有在场的朋友都沉默了，心里满是油然而生的敬佩。

是否每一份爱情都逃不过“创业难，守业更难”的命运呢？

当然不是。这个男孩正是用比创业更用心的心态来守业，就像永不停歇的源头活水，让这份感情始终保持最初的美好。人生若只如初见，谁都希望把初见的感觉保留一辈子啊！而你，能做到不动摇、不懈怠吗？

时间未必是杀猪刀，也可以发酵为一坛美酒，只看你如何调酿。

或许《一生有你》中的一段歌词可以为我们唱出答案：“多少人曾爱慕你年轻时的容颜，可是谁能承受岁月无情的变迁？多少人曾在你生命中来了又还，可知一生有你我都陪在你身边。”再美的容颜都有变老的那一天。但其实美也好、丑也罢，或是金钱多寡，这与感情的长久与否并没有大的联系，而是取决于夫妻双方的互相尊重、互相理解与支持，愿意为对方做出改变。婚姻的成功，不只是寻找一个更合适的人，而是要让自己成为一个更合适的人。都说成功男人背后必定有一个支持他、关怀他的女人，当然，双方还需懂得一点点的美学，经常制造一些使生活增色添彩的浪漫情调，才不致如死水般平淡无奇。两个人必须要“志同道合”，要能找到共同话题，这样才能成为精神伴侣，门当户对不仅指物质，更多应是精神层次的相吻合，在某些方面产生心灵的不断碰撞。所谓感情，就是要有共同话题。两个人在一起，和钱没有太大关系，而看是不是在同一个频道上，不需要刻意去讨好对方，不用踮起脚去够另一个人，更不用觍着脸去爱另一个人，两个人在一起，舒服就好，即使聊一些很无聊的话题也不会觉得乏味。[①]“不聊天，静静散步也很美。”

当然，这种“适合”完全不是与生俱来的，没有哪两个人注定是天造地设，不要说性格不合，这完全可以而且应当通过双方的全力磨合而得以贴近。比如美国总统里根，他的口才并不好，但为了赚得更多的人气，赢得民众支持，下决心提升自己的形象和人格魅力，因此他要让自己变得更幽默，但他实在没有其他手段，就找了一个最笨的方法：一天背一则笑话，最终收到良效。每一个人都可以对自己做出颠覆性的变革，切忌拿“积习已深”当借口。据科学研究，21 天就能改变一个人的习惯，称之为“21 天效应”，一个人的动作，如果重复 21 天就会变成一个习惯性的动作，从而实现由“刻意、不自然”到“不经意、自然”的顺利过渡，你完全可以从一头好吃懒做的“猪”迅速逆袭为一只勤劳的“小蜜蜂”。历史上著名的四大丑女之一，东汉名士梁鸿的妻子孟光，她虽然外貌肥胖丑陋，且力大无比，完全像一个“纯爷们儿”，但梁鸿看中了她的勤恳，两人毅然结为了夫妻，从此恩爱有加，不离不弃，“举案齐眉”的来源就出于此。时至今天，为了纪念这一对让人艳羡的夫妻，无锡市还特地开发了梁鸿湿地公园，吸引了许多新婚宴尔的年轻夫妇来此拍摄婚纱照，以求爱情天长地久、永不分离。

追求爱情需要“良法”，比如：男生应该主动，不要怕被拒

①李尚龙.你只是看起来很努力［M］. 北京：中国友谊出版公司，2015：160.

绝，但也不要急于求成；创造见面的好时机；不要急于送礼，要掌握分寸……

云南省保山市和顺古镇，人杰地灵，历史底蕴醇厚，鸟语花香，令人流连忘返，如痴如醉。“和顺”的寓意就是倡导家庭和谐共处，夫妻相敬。

“你我约定，难过的往事不许提，也答应永远都不让对方担心；你我约定，一争吵很快要喊停，也说好没有秘密彼此很透明，我会好好地爱你，傻傻爱你，不去计较公平不公平。”维持爱情和婚姻更需要“良法”，夫妻之间是神圣的契约关系，也应当是“长期共存，互相监督，肝胆相照，荣辱与共”的命运共同体，所以制定一个供双方遵守的契约尤显必要，这为解决纠纷提供了依据。当然，清官难断家务事，这种契约没有强制执行力，难以寻求司法救济，只能依靠双方内心的驱动力才可顺利落实，才能让每一个家庭成员获得更多的幸福感：

下班后两个人要一起做饭，即使妻子只是个家庭主妇。生活不是一个人的事，每个人都是不可或缺的，都要有所担当。

晚上外出的话最好带着老婆，不方便的话就尽早回来，不要时间太久。

在外尽量少喝酒，更别酗酒，不要抽烟，更不要在家里抽烟。

要学会装扮自己，漂亮一些、帅气一些，否则谁都会产生视觉疲劳，影响愉悦的心情。

了解对方的兴趣爱好，只要是正当的、健康向上的，就应大力支持、积极参与，配合融入其中。

互相责难是离婚的导火索，是婚姻失败的根本；欣赏才是婚姻生活快乐的基础。

记得对方的生日，还有初次相遇、第一次亲密接触和求婚的地点。

常和对方一起看电影，去有情调的饭店体验生活。

不介意为对方洗头、洗脚、按摩，爱人的身体应当用一生去精心呵护。

多进行有益的社交，多介绍自己的好友给爱人认识。

一不可忘国忧，二不可负卿卿。

两个人一年至少要去一些没去过的地方进行心灵的远行，在旅途当中增进感情交流，加深理解，拉近彼此间的距离。

情人节要送鲜花，经常给对方准备一些小礼物。

不要觉得老夫老妻了，就对一些你们自认为太表面化的东西不屑一顾。婚姻不能缺少“仪式感”，不求奢华，只求用心。这不是讲形式、走过场，而是你们日后能拿出手的甜蜜且珍贵的回忆。

夫妻发生争吵是难免的，但必须要有底线：不在外人面前争吵，不要以偏概全，切忌牵连家人，不要乱砸东西，不要轻言离婚。（好比战争法的人道主义原则对现代战争所做的限制：区分非战斗人员，不得采用改变环境的作战手段，不得虐待战俘，不得使用生化武器。）

问你想吃什么，不要说随便，这会令人无所适从。要告诉对方特定的某个菜，这样你不仅能吃得可口，还会得到很多温柔和笑容。

想他的时候要立刻告诉他，不要吝惜说“我爱你”三个字。

……

婚姻契约的缔结，是两个人互相爱慕、追求、愿意终身相许而修来的。同样，“友情契约”的缔结，是两个人互相认同、彼此价值观念一致、惺惺相惜而得到的。恋人由朋友发展而来，朋友之间也需要良法，否则的话，大家都会离你远去，你将成为孤家寡人。

三年不上门，当亲也不亲。要经常联系、定期聚聚，否则感情会越来越淡，你不是真的忙，而是懒啊！

可以开玩笑，但一定要给对方留有尊严，不要揭短，说侮辱性、攻击性的语言。

要互相帮助，但千万不要欠债不还。

多一点雪中送炭，少一点锦上添花。

别吝惜你的掌声，恰如其分的赞誉会为你赢得意想不到的结果。

遇事多反思自己，多为对方考虑。

乐当诤友，在不损害对方面子和尊严的前提下指出他的错误，帮助其改正，而不要一味恭维。

……

爱人、朋友之间如此，父母子女之间也是如此。百善孝为先。古代经济条件不发达，穷苦人家很多，经常面临着有病无处治、吃了上顿没下顿的窘境，因此，尽孝的前提是努力去保障父母的基本温饱。过去的二十四孝，大都是为了双亲最基本生存而努力为之。现今，生活条件大大提高了，再不必卖身葬父了，因为大力提倡薄葬之风；再不必尝粪忧心了，因为现代医疗技术能解决很多疑难病症；再不必恣蚊饱血了，因为蚊帐和杀虫剂完全在我们经济允许的范围之内；当然更不可能为母埋儿了，因为这是犯罪行为。2012 年，由全国妇联老龄工作协调办、全国老龄办、全国心系系列活动组委会发布的“新二十四孝”出炉：带着爱人回家省亲，与父母共度节假，常为父母拍照，至少每周通一次电话，常与父母交流，与父母共同锻炼，等等，看起来十分简洁明了，但要一如既往，绝非易事。这意味着，现今的尽孝观念，并不是定期往父母银行卡里打钱就敷衍了事了，而是要求子女们付出最真心的陪伴，要知道陪伴才是最长情的告白。父母也一定是愿意坐在自行车上笑，而不愿意坐在宝马车里哭。世界上最美好的三个字，不是“我爱你”，而是“在一起”，父母不求孩子能给自己多少物质保障，孩子们能常回家看看便足矣。

我国法律也对此表示了支持与肯定，在刚刚修改的《老年人权益保障法》中规定：“家庭成员应当关心老年人的精神需求，不得忽视、冷落老年人。与老年人分开居住的家庭成员，应当经常看望或者问候老年人。用人单位应当按照国家有关规定保障赡养人探亲休假的权利。”这以法律形式对年轻人提出了更高要求。

三、以创业之心，成守业之荣

所以，回到最初我们所说的问题，创业难，守业更难。这并不是哪个特定的朝代或是国家所面对的问题，放眼历史，包括家庭在内的每一个组织都可能面临存亡的考验，在当今社会亦不例外。我党在发展历程中，历经挫折，但总体而言，这仍然是一个不断向前超越自我的过程，是一个呈螺旋式攀升的过程。正所谓以史为鉴可以知兴替，太多的往事告诉我们，由盛转衰或许只是一个春秋，或许只是一场殊死搏斗，甚至只是一个随时可能触发的转变，我们要如何去避免让无数英雄不因此而折腰呢？

1921 年，中国共产党在纷乱的时势中成立，成立之初，仅有五十多名党员。在其后的革命岁月里，有人叛变，有人离党，有人牺牲，也有人一直将共产主义作为信仰坚持革命。直至 1949 年，党的队伍发展为能打胜仗、作风优良的百万雄师，横扫千军渡过大江，创造了世界战争史上前所未有的奇迹，在古老的首都向全世界正式宣告新中国的成立。在党创下这一份如史诗般壮丽辉煌的伟绩以后，面对百业待兴的新中国，创业难，守业更难的问题才刚刚浮现在历史的水面。不管是在革命道路上，还是之后的社会主义建设道路中，也曾走弯路，也曾犯错误，但我们始终秉持建设社会主义社会的坚定信念，发展经济，改善民生，戒骄戒躁，不断开拓进取、艰苦创业、永不停歇，用良法善治维系这来之不易的一切，让人民感受到持续不断的幸福感。只有不断地创造和实现，才能始终秉承“三个代表”，带领着全国人民走向更美好的明天。

第三章

良法善治与经济建设

要改进考核方法手段，既看发展又看基础，既看显绩又看潜绩，把民生改善、社会进步、生态效益等指标和实绩作为重要考核内容，再也不能简单以国内生产总值增长率来论英雄了。

各级都要追求实实在在、没有水分的生产总值，追求有效益、有质量、可持续的经济发展。

——习近平

当我们做对了，没有人会记得；当我们做错了，没有人会忘记。

——美国华盛顿国立气象研究所

一、经济建设的理性良法

经济发展需要一套行之有效的“良法”体系。邓小平曾指出，发展才是硬道理。但是，我们必须清楚地理解“发展”二字，它是基础，更是关键。很多人对于这一概念认识不到位，将 GDP 的增长等同于发展。但这里的发展，不是唯 GDP 的发展，更是一种全面、协调、可持续的科学发展。如今我们强调创新、协调、绿色、开放、共享的发展理念，各个要素相互作用、相互影响，共同推动社会的总体进步，而 GDP 的增长只是经济社会发展的一个组成部分而已。近几年来，人们的物质生活水平逐渐提高，社会也越来越和谐与稳定。发展成为关系到百姓生活的头等大事，一丝风吹草动就会掀起大的波澜。

GDP 作为反映一国经济增长、经济规模、人均经济发展水平、经济结构和价格总水平变化的一个基础性指标，有着丰富的意义和内涵。但是，我们必须也看到它的局限性，它没有反映经济发展所带来的资源消耗成本和环境损失代价，这样的数字也是不全面的。因此，我们应当不断深化对 GDP 的认识，要取其精华、去其糟粕。取消 GDP 也是不可行的，政府的重要任务就是主抓经济，物质财富跟不上，其他都免谈。可是，我们不能让发展走入一条“死胡同”，一个国家的强大，不仅在于 GDP 的快速增长，更要让人们体会到内在的公平正义与善良。但是，仍旧有一些人过分迷恋 GDP 指标，环境污染、人口素质低下、食品安全等问题被暴露出来，搞一些“形象工程”“政绩工程”，甚至玩起了“数字游戏”。盲目迷信 GDP 指标会产生严重的后果，因为，GDP 不代表实际财富，GDP 上去了，人们的幸福指数不升反降，那 GDP 不过是一个毫无意义的数字而已。GDP 不仅应当有“量”，更应当有“质”，否则各种粗放式发展和低水平重复建设纷至沓来，危害甚大。

习近平说：“一枝一叶总关情，什么是作秀，什么是真正联系群众，老百姓一眼就看出来了。”“秀”的本意是展示风采、表达情感。但是，在现实生活中，我们看到好多故弄玄虚的作秀，致使群众越发的不信任，加深矛盾与隔阂。当前很多人以“一切为了 GDP”作为理念，热衷做表面文章，创造一些不切实际的业绩，但事与愿违。老百姓的眼睛是雪亮的，他们内心有正确的是非观念，明白什么是真正的福利，什么是表面高大上、实则是空洞如也的花架子。

有时，为了完成各项任务和指标，一些地方有权任性，完全不顾老百姓的利益。2008 ～ 2014 年，某省开展了一场声势浩大的造林绿化工程，耗资巨大。他们“砍掉大树种新树”，某地区本来拥有不少高大的法国梧桐树，但政府先是以修路的名义挪走梧桐，换上香樟等树种，不满一年又拔掉重种，新树因此而纷纷枯死。2019 年，某县为了应付上级检查，开始了大规模的刷白墙工作。在人居环境还没有改观，路还没有修好，路灯还没有安装的情况下，却把 800 万元宝贵资金用在这种没有意义的地方。植树造林和脱贫攻坚都是功在当代、利在千秋的好事，却被一些人所利用，民生工程变成“面子工程”。如果衡量政绩的方法和制度不改，那么，这种作秀的行为恐怕还会继续蔓延下去。若想改变当前的状况，必须解决用 GDP 来考核官员的问题。习近平在讲话中多次提到，不再简单以国内生产总值增长率论英雄，而是强调以提高经济增长质量和效益为立足点。

由此可以看出，我们正努力探索一种更为规范与科学的干部绩效考核体系。但是，仍旧有一些人觉得 GDP 考核的取消是不现实的事情，因为，它始终是衡量地方经济发展很重要的指标。在我看来，许多人并没有真正理解这一转变，不是取消 GDP，而是不唯 GDP。与 GDP 的增长相比，老百姓的生活能否得到真正的改善，这才是重中之重。仍记得在新闻报道中，一位被采访的官员说过，财政增长更实在，可以更多地投入到改善民生，哪怕 GDP 增长慢了一点，只要财政能稳定增长，我们的小日子就会过得更好。由此可见，考核政绩最根本目的并不是单纯为了实现经济的增长，而是监督他们为老百姓办实事、办好事，这才是最本质的问题；让发展的成果真正惠及于人民，让他们真切感受到幸福，才是发展的终极目标。

我们常讲的“绿色 GDP”，是在传统国民生产总值的基础上，充分考虑了资源与环境成本。它最早由约翰·希克斯在其 1946 年的著作中提出，绿色 GDP 的定义是：从 GDP 中扣除自然资源耗减和环境污染后的数值，这也是对“保护生态环境就是保护生产力，改善生态环境就是发展生产力”科学论断的另一种生动解读。从这一定义中，我们可以得知，它在一定程度上弥补了 GDP 这一概念的缺陷。首先，它能够真实地反映国民经济的净增长。在经济活动的过程中，必定会产生两个方面的影响。其一，经济财富不断积累，推动社会的不断发展与进步。其二，过分追求经济效益，而导致生态环境恶化等消极作用。绿色 GDP 实际上就代表了国民经济增长的净正效应。其次，增强人们的环保意识，珍惜周围的环境。绿色 CDP 让人们能够更加清醒地看到经济活动开发给生态环境带来的负面效应，看到伴随 GDP 的增长付出的环境资源成本和代价。最后，绿色 GDP 能够把经济效益、社会效益和环境效益有机地结合，让发展惠及全社会。将知识、环境、自然资源纳入经济理论研究范畴，进而取得社会效益和环境利益的双赢。

一提到绿色 GDP，会让人直接联想到环保，比如我们常讲的绿色企业、绿色食品、绿色消费、绿色出行、减少碳排放，皆与环保休戚相关，但绝不应只是环保这么简单。一些专家认为，绿色 GDP 是以福利经济学为理论基础。这就不可避免地涉及“幸福”“福利”等概念。就拿幸福来说，每个人对于幸福的定义不一样，有人认为住几百平方米的别墅是幸福，有人觉得陪家人吃一顿团圆饭就是幸福，这些往往带有强烈的主观色彩，进而给绿色 GDP 的核算增加了困难。但无论怎样，绿色 GDP 的核算工作是必须要进行的一项任务。我认为，在经济增长过程中，以下部分应当在 GDP 总量中予以扣除，这样才能算堂堂正正的绿色 GDP。

（一）违反法律、行政法规强制性规定的 GDP 应当予以扣除

民法中提及的“无效合同”就属于此类。例如卖淫嫖娼、买卖珍贵野生动物和国家重点保护文物、制毒贩毒所取得的收益。渡渡鸟、爪哇虎、袋狼、中国犀牛等太多物种已经从地球上消失，令人痛心不已。但是，仍旧有一些不法分子为了个人利益做出危害社会的事情。如今，买卖珍贵野生动物的手段也越来越高科技化，他们利用现在最为流行的朋友圈来从事犯罪行为。曾经看过这样一个新闻：有人因在朋友圈发出一条出售猫头鹰的信息，还配有相关图片，最后被人举报而把自己推进了监狱。如果此类“财富”不坚决予以扣除，无异于鼓励违法犯罪行为。

我国曾经销毁了 6 吨象牙制品，总价值超过 2 亿元。许多人大呼此举暴殄天物，虽然屠杀大象是一种罪恶的、非法的行为，但此时木已成舟，再付之一炬还有何意义？会造成财富浪费啊。可是，如果不“斩草除根”，狠心一点，就会让人以为这是合法的了，象牙贸易还会越来越猖獗，同时，阻止“二次犯罪”需要花费太多人力、物力。非洲野生动物基金会（AWF）发表了一份声明，号召全世界采取象牙销毁行动，并立刻禁止所有国内象牙贸易。因此，要将保护大象落到实处，就必须从根源上切断贸易源头，表明我国对象牙制品零容忍的一贯立场，让所有人看到：谁要是胡作非为，这就是最终的结局。因此，象牙利润必须排除在 GDP 之外，还有那些饱受诟病的皮草制品也是如此。

（二）铺张浪费的 GDP 应当予以扣除

有这样一个故事，一个小孩在玩耍的时候，不小心打碎了家里的玻璃，母亲顿时火冒三丈，抓起孩子便要暴揍一顿。她的经济学家丈夫突然喝道：“不要打孩子，玻璃是碎了，但能让玻璃工人有事做了，生产一块玻璃，就创造了一份 GDP。”妻子说：“我辛辛苦苦擦的玻璃就这样支离破碎了，白白忙碌了一场，我容易吗？”丈夫说：“你一个家庭主妇，擦玻璃做家务，刷锅洗碗做菜，对 GDP 的增长、对就业的促进能做出什么？实在没啥可珍惜的。”妻子听了目瞪口呆……

乌托邦国陷入了经济大萧条，工厂停工，失业率居高不下。此时，一位经济学家提议：面对这样的局面，必须人为地制造一场灾难来扭转当前形势。于是，根据他的建议，政府在市中心城区道路上挖了一个大坑，再找人将大坑填好，于是，制造铁锹、生产木材和钢铁的企业纷纷开工了，工人们的工资也发下来了，死水一潭的市场瞬间被激活，经济社会开始回归正途。

这样的“破窗理论”“挖坑理论”由来已久，按照这位经济学家的观点，玻璃虽然没了，但要做修理更换，刺激了需求，创造了新的 GDP，未尝不是一件好事。我小时候，曾和老师探讨这个问题：“中国穷，为什么穷？因为没钱，所以就应当印钞票啊，印他几千万张，每人发一麻袋，大家不就有钱了吗？不就摆脱贫困了吗？”老师笑了：“这样不行，因为可供购买的商品数量是有限的，如果市面上流通的钞票太多，价格必然会随之水涨船高，人们手中的货币就会因此而贬值的。”我颇不以为然地说：“那国家可以下一道死命令，禁止商品涨价不就行了吗？”小时候不懂经济的我真的是很傻很天真啊。

有的人完全不懂经济，甚至是别有用心，竟然抛出“灾难拉动 GDP”的荒谬理论。其实稍加思索，经济发展哪能够会如此简单？“灾难拉动经济”的学说，比我梦想着靠钞票来发家致富的想法还要可笑。汶川地震就是一个很好的例子。有人认为灾后重建可以拉动当地经济，是灾区发展的一个重要机会。我们不可否认的是，灾后的一些投资在一定程度上可以带动 GDP 的增长。但是，在这次地震中，有多少生命离去、有多少房屋倒塌、有多少家庭妻离子散，难道这些不应该去考虑吗？因此，这种罔顾常识、玩弄术语的说法必然会遭人鄙视，他们把灾难看成了机会，毫无理性可言。按照上面那位经济学家的说法，其意义在哪里呢？不过是拆东墙补西墙罢了，只能起到南辕北辙的反面效果。这就涉及另外一个名词——机会成本，得到了这个，就必然会失去那个，把钱用来修补玻璃，就丧失了吃饭、游玩、购物的机会。

“开源”与“节流”哪个重要？当然是同样重要。开源是前提，节流是后续的保障，如果忽视了节流，那面对的就是一个足以吞噬一切的无底深渊。中国从 200 多年前的康乾盛世帝国，到 1949 年时，居然沦为一个一穷二白的弱国，这究竟是为什么？是因为无数财富在一次次战火中毁掉了：两次鸦片战争、太平天国运动、中法之战、甲午中日战争、八国联军侵华、国内军阀会战、国共十年对峙、日本全面侵华、三年内战，不计其数。这便是对国家财富的巨大“毁灭”、对百姓生活的深重灾难。可血淋淋的历史教训似乎还没有为许多人敲响警钟，现今的一些“小毁灭”，往往没有被当回事。GDP 是“国内生产总值”，“生产”的主题是开源，但往往忽视了节约资源和生态保护。有人说，我们建大桥是 GDP，让大桥塌了拆了又是 GDP，再建一次大桥还是 GDP，但真正的财富只有一笔。这句话形象地说明了重复建设导致财富的损失。有的地方毫无文化传承与文物保护的观念，拆除古城墙、老房子，而后建成一排又一排的新楼房，此时的 CDP 应当将古建筑的历史、人文、旅游价值扣除，建造一栋高楼创造 10 亿元的 GDP，但是，被拆的古楼有 50 亿元的历史价值，那么 GDP 就是负 40 亿元，不升反降。

古建筑是民族精神的载体，是任何事物都无法代替的，它们身后都凝结着浓郁的文化，载托灵魂，提供认同，增强自信，这就是古建筑的真正意义和价值。没有文物，就没有历史，你就失去了独当一面的旌旗。城市里的高楼大厦司空见惯了，这时候一栋碧瓦朱檐的古建筑映入眼帘，我们一定会赞叹不已。北京大学被评为中国十大最美校园之一，其发达的教育实力与人文历史环境是基石，其优美端庄的校园环境也是鲜有能及的资本所在，凡来北京游玩的外地旅客，总爱前来未名湖畔，一睹北大的暗香疏影、丹楹刻桷。这一切代表了北大自身的文化底蕴、代表了对先辈的尊崇、代表了对历史的传承，是多少钱都换不来的无价之宝。如果某一天学校有关人员头脑发热，将推土机开入校园进行一次大拆大建，摧枯拉朽般来个“旧貌换新颜”，就等于把自己推向了地狱。

宏观经济学鼻祖凯恩斯说：“节俭不是美德”。这恐怕与我国传统观念大相径庭。我们常说，“谁知盘中餐，粒粒皆辛苦”“历览前贤国与家，成由勤俭破由奢”“一粥一饭，当思来之不易；半丝半缕，恒念物力维艰”。按照经济学的观点，储蓄增加对个人有利，但会导致社会总需求的下降，引发萧条危机；只有尽可能多消费，经济才能走出低谷，迈向繁荣。其实，二者根本不矛盾，只需正确把握其精髓内涵，掌握一种平衡的艺术。我们应当根据自身的经济条件来设计一个消费理念，不能采取不当的节俭方式：如果锅碗瓢盆、牙刷毛巾、内衣内裤经常不洗不换，就会滋长细菌，对健康不利，这不是节俭，而是守财奴式的生活陋习，无原则的节俭是一种更大的浪费。赚钱就是为了能够消费，掌握花钱的技巧，往往能赚到更多的钱，光靠工资和储蓄是很难发家致富的，这就要我们学会理财、投资，用钱来生钱。

如果谁都不去消费，那么银行就要采取积极的货币政策以应对大萧条的危机。当然，一定要使自己手里物品的效用得到最大限度的发挥，资源是稀缺的，经济学最讲求资源的合理配置。“节约便士，英镑自来。”李嘉诚、王永庆等富商富可敌国，却依然克勤克俭，因为他们有着强烈的社会责任感。人多、不发达，是中国的国情。一个很大的总量，如果除以 14 亿，都会变为一个小数目。但相反，每个人节约一点点，14 亿人就是一笔极为可观的数字。钱是你自己的，但资源是全社会的，还有那么多人在忍饥挨饿，还没有脱贫，我们没有铺张浪费的理由。

新闻披露餐饮业浪费惊人，浪费粮食数量可养活 2 亿人。比如你去饭店就餐，点了一桌子菜，无论你是饱餐一顿或是弃如敝屣，GDP 都不会有任何变化，因为在商品交易完成之后，GDP 就已形成。当然，作为经济学最基本假设的“理性人”，很少会有人会将饭菜直接扔掉，但中国人热情好客的性格是宁可浪费也不能伤了感情。许多人对“浪费”二字根本没有明确的意识。自始至终，他们总会觉得这是在充分考虑自身健康的情况下做出的正确反应。但是，我们必须回过头来看，如果你能稍稍用点心，量入为出，精打细算，吃多少点多少，那么浪费现象就不会出现。如果你将省下的钱改作他用，在别的地方得到消费，是不是更加高效实用？是不是更能给自己也给别人带来幸福感？每一笔消费都应该使销售者和消费者得到双赢。若在健身房办会员卡，却一年也不去几次，这种发展模式只是一方受益，是畸形的。据报道，中国一年“舌尖上的浪费”就达 800 万吨，够 3 亿人吃一年。“浪费是创造 GDP”的想法，必须得到根本性的扭转。因此，餐桌上浪费的饭菜，应当在 GDP 中扣除，比如你用餐花费 100 元，但浪费的饭菜有 40 元，GDP 应按 60 元算。

（三）破坏生态环境、危害人类健康的 GDP 应当予以扣除

生态文明既包含人类保护自然环境和生态安全的意识、法律、制度、政策，也包括维护生态平衡和可持续发展的科学技术、组织机构和实际行动。如果从原始文明、农业文明、工业文明这一视角来观察人类文明形态的演变发展，那么可以说，生态文明作为一种后工业文明，是人类社会一种新的文明形态，是人类迄今最高的文明形态。[①] 有时，人类无法正确认识我们与大自然的关系。人与大自然绝不应是对抗，而是保护并与之和谐相处的对象。有时我们只是一味向大自然索取，却未曾感恩它所给与我们的一切美好生活。当前，一些经济活动已经影响到我们赖以生存的空间环境，包括大气、土地、海洋。PM2.5，一个被广泛谈论的词汇，逐渐走进了人们的生活，雾霾是什么、从哪里来、我们怎么办，简单的三个问题，无比深刻，叩击所有人的心灵。一项项翔实的数据背后是严谨的调查取证，煤炭和石油的无节制使用，工业的大发展带来了一系列环境污染问题，触目惊心。肺癌、心血管疾病甚至过早死亡，这些都为人们敲响了警钟。因此，无论多少企业创造了多少 GDP，都应该将其产生的危害扣

---

①俞可平. 偏爱学问［M］. 上海：上海交通大学出版社，2016：188.

除。有些煤炭企业存在安全隐患，生产事故时有发生，工人的安全根本无法得到保障，那么，这样创造出来的 GDP 是没有人性的。

环保与经济发展是统一的，不是对立的、矛盾的。但是，对于环境保护和经济发展的关系，很多人存在错误的认知，“先污染，后治理”的思路仍然没有得到改变。可想而知，脏乱差的城市难以完成招商引资的重要任务，众多的企业在选择投资地点时，会综合各方面的因素，良好的环境就是其中之一，否则有谁还会去把大笔的金钱砸到这样的地区呢？除此之外，高学历、高素质的人才选择在一个地区发展，看重的是这个地区的发展潜力，连环境保护都做不好的地区，能有什么前途呢？因此，越来越多的本土人才选择向外发展，试图寻找更好的机会。精英都流失了，剩下的只是一些平庸之辈，这样的地区，如何谋求发展？

烟草行业也是一个很好的例子，它已成为中国经济社会最大的“健康危害型”产业。烟草行业虽然为解决就业和贡献税收出了不小的气力，但其危害更不容小觑。有数据显示，2005 年烟草产业利税总额为 2400 亿元人民币，相当于当年 GDP 的 1.3%，但是因吸烟引起的直接和间接成本保守估计高达 2526 亿元，相当于当年 GDP 的 1.37%，其经济效益为负值，约为 126 亿元。近几年来，这种社会负效益还在不断扩大之中。吸烟的危害有很多，包括体质下降、疾病增加、寿命缩短、殃及后代等。由此看来，应当把对人体造成的损害予以扣除。同样，在商店里买了饮料、小食品，拉动了消费，创造了 GDP，但如果这些食品对人体有不利影响，则应把这些 GDP 扣除。如今，很多严重的社会问题仍旧层出不穷，得到越来越多人的关注。在不断攀升的各种数据中，不仅要看到未来发展的前景，而且也要注意背后存在的问题。一些不良的生产者为了追逐经济利益，使食品、药品安全问题凸显出来，人们身边产生了更大的危机。放到整个国家而言，食品安全问题越来越引发关注，安全权是消费者权利中最为首要的权利。吃下肚里的食品，不敢奢求一定要对人体有多大的帮助，但一定不得有害，这是最起码的一条底线。

人们常说方便面、罐头食品、碳酸饮料会导致骨质疏松，加重钙流失，如果此事属实，它们带来的一些危害，应当扣除。他们虽然不像三聚氰胺、苏丹红那样破坏性极强，但同样不得不引起重视。比如买 1 瓶饮料创造了 3 元的 GDP，但如果饮料对人体造成等值 10 元的危害，这样 GDP 为负 7 元，同样不升反降。许多人说在外就餐不太卫生，但忙碌的生活节奏让城市人未必有时间和精力在家下厨，大都只能靠在外解决。因此，国家应当以最严格的标准来对待食品安全问题，应当随时对每一家饭店进行检查，若发现所做饭菜不符合最低安全标准，就立即予以警告、开出高额罚单甚至关停，什么时候改好了，什么时候再重新开业。与人民切身利益直接相关的事务，切不可马虎了事。我们应当本着对人民健康高度负责的态度去管理，只要想管，就没有管不好的事。

（四）其他与社会公平正义相冲突的 GDP 应当予以扣除

公平正义是和谐社会的基础，否则，GDP 发展得再快，也不可能有真正的社会和谐。对于中国的老百姓来说，飞涨的物价和生活的压力会压得人喘不过气来。房地产行业是受国人关注最多的行业，没有房子就没有一个完整的家。“租房结婚？做梦去吧！”一所房子不仅仅代表着一种安全感，更重要的是心灵的归宿。我们还可以看到，由于城市的人口越来越多，造成了城市用地紧张，因此，为了在较小的范围内创造出更大的使用面积，高层建筑就应运而生。它是城市快速发展的产物，让更多的人住有所居，体会到足足的幸福感。

现在，高楼大厦并非北上广的专利，其大规模往二三线城市扩展，甚至小县城也是万丈高楼平地起，且呈愈演愈烈之风。我们必须看到，它为社会带来的一系列的问题。高层建筑剥夺了城市居民的日照和自然通风，对城市街区和周围气候环境造成很大影响。许多地方建造无数的高楼大厦，密密麻麻，恨不得见缝插针，占尽每一寸土地才罢休，使得容积率严重超标，其中采光问题尤其让人头疼。这样的小区会给居民带来幸福吗？果不其然，其后果“立竿见影”：全国多个城市楼盘冷清，“鬼城”遍地开花，甚至导致一些短命建筑未投入使用多久便在爆破的轰隆声中香消玉殒。因此，在 2020 年 5 月，发改委和住建部联合发文，要求各地进一步加强城市与建筑风貌管理，严格限制各地盲目规划建设超高层“摩天楼”，一般不得新建 500 米以上建筑。各地新建 100 米以上建筑应充分论证、集中布局，严格执行超限高层建筑工程抗震设防审批制度，与城市规模、空间尺度相适宜，与消防救援能力相匹配。应加强自然生态、历史人文等重点地段城市与建筑风貌管理，严格管控新建建筑，不拆除历史建筑、不拆传统民居、不砍老树、不破坏地形地貌。所以，控制楼层高度，保持楼间距，扩大绿地面积，注重小区周边基础设施建设，给居民创造一个宽广舒适的宜居环境，这才是我们应该做的。否则，那只不过是一片与世隔绝、远离文明的精神孤岛。

盲目扩建高楼的弊端显而易见，建造一栋高楼，创造了 1 亿的 GDP，但由于妨碍了多家居民采光，造成了不利影响，应当扣除比如 2000 万元，因此最终 GDP 按 8000 万元算，即打八折。绿色 GDP 就是要扣除“管理不善”引起的经济损失成本。

其实，关于 GDP 的扣除方法，自其诞生之日起便已有之：第一，GDP 只计算最终产品，中间产品不计入，否则会造成重复计算。因为中间产品只是一个过渡，消费者直接享用的是最终产品，商品价值的实现是依靠最终产品来完成的。比如，家具厂向木材厂购买 10 吨木材而后加工并制成家具卖给买方，此时，家具是最终产品，只将家具的价值计入 GDP；倘若家具厂将这 10 吨木材用来烧火取暖，那么木材就成了直接消费品，是最终产品，此时计入 GDP。第二，GDP 仅计算一次，第二次便不计入。比如，我从超市买了一部手机花了 4000 元，不久后我又将手机以 3000 元的价格卖给了另一人，此时，只能将第一次消费的 4000 元计入 GDP

当中。

美国经济学家萨谬尔森和诺德豪斯在他们的著名教科书《经济学》中指出：国内生产总值是20世纪最伟大的发明之一。最伟大的发明于情于理应该为人类创造出更大的价值，GDP作为衡量一个国家或地区发展水平的重要标志，如今，是该换个角度看待它了，这个国民经济最重要的考核指标应当是社会正义的体现，而不能被扭曲地对待。政绩观出了问题，考核方式的扭曲，后果是极其致命的。这就要求我们在促进经济强劲增长的同时，对GDP有一个更客观清醒的认识，看社会、看环保、看科技、看人民生活幸福指数，唯有如此，才能真正提升经济发展的质量，巩固人民的幸福感。

股神巴菲特说："评价一个人时，应重点考察四项特征：善良、正直、聪明、能干；如果不具备前两项，那后两项会害了你。"如果说，经济学让人聪明能干，那么，法学就能使人变得正直善良。市场经济是法治经济，经济与法不可分割，经济的发展需要用良法善治的基本理念去加以规范，就是要树立实事求是的态度，脚踏实地的工作作风。制度的作用是无穷的，GDP的考核方式影响其质量，好的政绩观与考核标准是鼓励人进入良性轨道。同时，提高发展的质量来高效率积累国民财富，促进政府职能的转变。我想，GDP仍然是最重要的经济指标，而盲目进行GDP的扩大化就是一种作秀的行为，只有将其不合时宜的部分予以扣除，才能更好地整顿吏治，从根本上改变有些扭曲的政绩观，才能让GDP更好地为国为民造福。我想这才是经济社会的真正

“良法”之所在。

二、以烟草行业为例

（一）“史上最严禁烟令”来袭

吸烟对身体有害是全民皆知的事情，但是很多人都无所畏惧，对烟盒上“吸烟有害”几个字熟视无睹，对媒体披露的肺病患者大部分跟吸烟有关的数据视而不见，乐此不疲地用身体供养这个嗜好，甚至肆无忌惮地用二手烟危害他人的健康。这些人当中，有的是公共场所的陌生人，但更多的还是他们最亲近的家人、同事、朋友。

烟民的不自律会对室内空气质量带来很大的威胁，我国的吸烟人数超过 3 亿，若是这些人都喜欢在公共场所吞云吐雾，“城市让生活更美好”的梦想就难成为现实。虽然吸烟的人数只有 3 亿人，但受二手烟危害的则达到了 8 亿人，这些人中有的是年迈的老人，有的是贤惠的妻子，有的是妙龄少女，有的是嗷嗷待哺的婴儿，他们不吸烟，却也容易患上肺病，这是多么不公平，那些散发在空气中的烟雾，就像一把无形的匕首，慢慢地夺去无辜人的生命。

近年来随着我国经济水平的大幅提升，温饱问题基本得到解决，人们继而追求更高层次的生活质量。公共场所是一个城市形象的最重要代表者。2015 年“世界无烟日”的主题是“制止烟草制品非法贸易”，借此机会，北京推出了我国“史上最严的控烟令”。这个《北京市控制吸烟条例》由北京市人大常委会制定，在法律渊源上，属于地方性法规的范畴。该控烟令规定：今后北京市所有“带顶、带盖”的公共场所、工作场所和公共交通工具100% 禁烟，即使你自己独居一室也不允许；幼儿园、中小学校、文物保护单位、体育场、妇幼保健机构、儿童医院等地的室外公共场所全面禁烟；个人在排队等候队伍中不能抽烟；学校周围100 米内禁止售烟。违反禁令的烟民和单位，最高分别处以 200元、1 万元的罚款。违规设立吸烟区的机构最高可罚款 3 万元，经营场所若不设置禁止吸烟的标识，也将受罚。全市设立统一举报电话 12320。

“史上最严控烟令”的到来让北京烟民急了，他们觉得抽烟就像是喝水吃饭睡觉一样，是生命当中不可或缺的一部分，口渴就喝水，饿了就吃饭，困了就美美地进入梦乡，烟瘾来了，自然就放肆地吞云吐雾，不管是在家中还是在公共场所，或是上班的地方，从来想不到突然就那么动起真格，会出台这么“惨无人道”的“恶法”干涉大家的生活。对于烟瘾严重的人来说，他们一整天几乎停不下来，许多老师还会一边上课一边抽烟，但现在不能在校内抽烟，即使烟瘾犯了也无计可施，除非甘愿披上违规的罪名而遭受责骂与惩罚。

这个“最严控烟令”让很多人都不理解，甚至有的还大骂政府吃饱了没事干。这虽然不致让烟民就此“金盆洗手”，但吸烟的地点受到了严格限制，抽烟购烟的频率必然也就随之降低了。就像是禁止学生于校园内谈恋爱，这虽不致让小情侣们劳燕分飞，但只能转战地下，相处的机会就少了。这不仅让烟民不好过，让烟贩也不好过，控烟令一旦实施，北京香烟的销售量将会不那么乐观，如果全国各地都像北京市那么“狠”，我国整个烟草行业将会面临一次重大考验，甚至我国的财政收入、GDP 水平的提升都会受到影响。这不是成心跟自己过不去吗？

其实重温一下我国的禁烟史，这次的控烟令完全称不上是“史上最严”，它并未禁止任何人购烟、售烟、吸烟，只是把吸烟地点范围限定了一下，仅此而已；对个人仅仅 200 元的处罚，这个数目对大多烟民来说简直是不值一提，并且没有累犯加重、入黑名单等更为严厉的措施；更何况自家可以抽，室外可以抽，又有什么好说的呢？烟草粉墨登场于原始社会的拉美，当地的印第安人由于生产水平落后，愚昧无知，尝到烟草的香味，觉得能提神解乏，于是把它当作刺激物来咀嚼。我国古代没有烟草种植，也没有关于吸烟的记载，中国人吸烟是由外邦传入的，故有“洋烟”之称。据考证，烟草是在明朝时传入中国，因为烟和“燕”是谐音，“吃烟”容易被理解成为“吃燕”，当时的京城称为“燕地”，崇祯帝认为这不是好兆头，为了保住江山，多次下达禁烟令。崇祯帝的控烟并不是出于为人民健康着想，也不是为营造良好的生活环境氛围，而是一种迷信活动。当时的明朝统治已摇摇欲坠，在穷途末路中，崇祯帝被逼的狗急跳墙，不仅禁止全民吸烟，还规定在民间私自种烟的人被捕后要发配到边疆去服苦役。

到了清代，清太宗皇太极也曾下令禁烟，对出境或买烟草行为的惩罚达到了严酷地步，规定贩运烟草一斤以上者先斩后奏，一斤以下者处以徒刑，并禁止烟具的制造，严厉程度远远超过现在北京的罚款 200 元。虽然禁令严苛，但是在清廷上层贵族内吸烟的风气非常浓，到清统一全国的时候，烟草的种植与吸食在民间非常盛行，这个时候康熙皇帝开始担心，又重新颁布控烟令，规定“不许种植，不许贩卖，违者与通番同罪”。此次禁烟令的严厉程度不亚于清太宗，但种烟有利可图，在利益的驱使下，这个行业还是呈现了“野火烧不尽，春风吹又生”的现象。

随着西方列强的入侵，清朝末期的烟草在民间更是泛滥，甚至流入了鸦片，在封建思想的麻痹下，国人已麻木不堪，殖民者借着烟草的名义把大量鸦片贩卖到中国，获取暴利的同时也为达到控制中国人的目的。鸦片让这头东方雄狮一蹶不振，甚至沦落为“东亚病夫”，举国上下被这个洋烟折腾得团团转。清朝政府的无能激起了民怒，太平天国的天王洪秀全对殖民主义恨之入骨，在抵抗鸦片的同时也下了禁烟令：“凡吃洋烟者斩首不留”“凡吃黄烟者，初犯责打一百、枷一个礼拜；再犯责打一千，枷二个礼拜；三犯斩首不留”。这种规定一度是坚决执行，只可惜是昙花一现，随着太平天国的分崩离析，这项禁烟令也归于尘埃。

新中国成立后，我国对鸦片进行禁止，对烟草进行控制，并延续了始于北洋军阀时期的烟草专卖制度，建立了国家烟草专卖局，通过了《烟草专卖法》，在各个地区都设立烟草专卖的分支机构，对烟草的量和价格进行管制，并对烟草行业收取较重的税。

在这样的政策下，烟草行业得到了稳定发展，烟民的数量也不断增多，吸烟的危害性也慢慢引起人们的关注。

近几十年，全世界意识到烟草的负面效果，开始进行深入研究。我国于1989年出台了一份烟草报告，显示我国因吸烟引起的经济损失高达270.76亿元，在那个时候我国生产力水平较低，国民收入不高，温饱问题尚未得到解决，但是吸烟这个不能果腹也不能保暖的行为却挥霍了大量金钱。1989年我国从烟草行业中只获得了240亿元的税收，却损失了270.76亿元，其中治疗因吸烟患肿瘤、心脑血管疾病、慢性肺病的医疗费就达到了69.42亿元，因吸烟丧失劳动力的损失有25.81亿元。如果将这些资金投入到粮食生产、经济建设中，可解决当年很多人的温饱问题。

这些危害和损失就摆在面前，但是烟草行业仍旧光明正大地发展着，我国烟民的数量不但没有降低，反而不断攀升，甚至大有未成年人不断加入的趋势。有一项研究报告根据我国烟草消费量和居民吸烟年龄推断，预计2000～2030年，我国因吸烟导致的死亡人数将从每年的116万上升到317万，占世界的1/3，这不亚于战争带来的死亡恐惧。当前我国烟民的数量居世界之首，据调查显示，男性肺癌中有90%、女性肺癌中有79%与吸烟有关，这项数据高得惊人，可能连吸烟的人都不知道这个真相，他们以为“吸烟有害”只是一个善意的警告。更让人震惊的是，二手烟会使得女性的肺癌发病率增大6倍，那些吸烟的男人浑然不知自己就像一个杀手，在不知不觉中残害家中的女人。而且，据“全球青少年烟草调查”结果显示，青少年在家中受二手烟危害的比例达到了43.9%，在公共场所达55.8%，我们祖国的未来、父母的心肝宝贝在毫无察觉的情况下失去了健康的生活环境。受害者无法得到补偿，这便是“负外部性”带来的后果。

当然，有的人说，自己有好几年的烟龄，但心肺并没有任何不适。那是因为年轻，年轻就是资本，处于人生的黄金阶段，即使体质并非上佳，也不至于成为一个药罐子。但年轻不是挥霍的理由，要有长远打算。人到中老年，各种心脑血管疾病、肺病、气管炎纷至沓来，就是因为年轻时一次次盲目自信、疏忽大意造成的，此时岂不悔之晚矣？

（二）税收与就业的争议

回顾我国的禁烟史，再看吸烟背后的危害，不知道那些烟民和一些反对北京最严控烟令的人做何感想。这无外乎是“宽于律己，严于律人”的“小九九”在作祟，如果别人在你学习、休息的时候大声喧闹不停，你能忍受得了吗？也许在庞大利益的驱使下，有些人会利欲熏心，坚持烟草行业应当繁荣发展，因为这个行业是国家财政收入的重要来源之一，每年可以贡献很多税收，确有数据证明它占到了财政收入的6%以上，可以代替很多行业而成为经济的大龙头；烟草专卖局可为社会提供很多就业岗位，还有生产香烟的企业、种植烟草的农民、市场上的小商小贩，这些都是极其庞大的劳动群体，他们都需要靠此谋生，如果禁止烟草，将会有大量的人失业，这不是让我国已然严峻的就业问题雪上加霜吗？

如果按照上面这个逻辑推理，假如某人集资创办一个企业，取名“某某抢劫股份有限公司”，大量吸收社会闲散人员加入，给他们配上刀枪棍棒，采取强有力的激励措施，按照“劳动所得”加以提成，同时还承诺把一半的利润上缴国库，税率已然高达50%，既增加了财政收入，又解决了老大难的就业问题，我国的经济社会简直一片繁荣之景啊！这是不是也应该得到大力弘扬呢？可事实是，工商部门不可能为其颁发营业执照，任何一家银行也不会为这样的企业开立账户。为什么呢？因为它损害了别人的利益。我国法律确定的一条基本原则就是：个人行使权利的时候，不得损害国家的、集体的、他人的合法权益。或许你可以说烟草行业的危害的确比抢劫、放火、贩毒等法律规定的犯罪行为小得多，但大家应该都有听过一个成语叫“五十步笑百步”，烟草虽远不如烧杀淫掠那样罪大恶极，但经过长年累月的堆积，危害是不断叠加的，它就是一个无形的杀手，在一点点地剥夺人民的生命健康，就连不吸烟的人也受牵连，这难道还不足以让政府禁止在公共场所吸烟吗？

梁惠王说：“我对于国家，那可真是够用心的啦！黄河北岸魏地收成不好遭饥荒，我便把那里的百姓迁移到河东，同时把河东的粮食运到河内，河东遭了饥荒，我也是这样做的。我考察邻国的施政方针，恐怕没有谁像我这样尽心尽力的。但邻国的百姓并不因此而减少，我的百姓并不因此而增多，这是为什么呢？”

孟子回答说："大王喜欢战争，那就让我用战争打个比方吧。两军交战，一方大败，败军之将丢盔弃甲，拼命逃跑。有的人跑了 100 步停下，有的人跑了 50 步停下。凭着自己只跑了 50 步，而耻笑他人跑了 100 步，那怎么样呢？"惠王说："这样是不对的。他们只是没有跑到 100 步而已，但同样是贪生怕死啊。"

孟子说："不错，大王如果懂得这个道理，那就不要太指望自己的百姓比邻国多了吧。"

这就是五十步笑百步的出处。它用来比喻自己同样有缺点，只不过程度轻一些，却不知反躬自省，转而嘲笑别人，没有自知之明。

我国法律规定个人行使权利的时候不得损害他人的合法权益，那些在公共场所吸烟的人正是在损害他人合法权益，若不进行有效的禁止，会带来严重的室内空气污染，危害极大。很多国家已经对烟草进行严格管控，新加坡禁止进口外国烟草，韩国员工可享受"戒烟带薪休假"，英国规定若不改变吸烟习惯就将无法享受政府的免费医疗。我国要发展成为一个民主、法治的国家，就应该把民众的健康放在首位，而不是眼前的烟草税收利益。

至于就业问题，更不应成为一个为其开脱的理由。比如警方捣毁了一个制造假币的特大团伙，没收了全部作案工具和非法所得，并将他们绳之以法，送上审判法庭。被告们哭喊着说："你们不应该抓我啊，我就是以造假为生啊，我上有 80 岁的老母，下有年幼的孩儿，你们要是抓了我，我就失业啦，我们一家妻儿老小该如何活下去啊……”如果这样的话，“李鬼们”恐怕就能堂而皇之地大行其道了。俗话说得好，三百六十行，行行出状元，君子爱财，要取之有道，不义之财不要也罢，生产销售烟草对民有害无益，烟草行业没有了，我们可以把更多的人力、物力投入到有益的行业中，从事烟草行业的人也可以转行做其他行业的工作，并非离开了烟草就不可以存活，关键在于能否抵得住丰厚利润的诱惑。

2014 年，东莞进行了大规模的扫黄行动，出动了六千多名警力，公安部门和广大群众联手作战，掀起了凌厉无比的扫黄旋风，硬是把东莞“黄都”的帽子摘了下来。这次扫黄行动让东莞变得干净了，但似乎也让当地经济缩水，如果按照上面造假团伙的逻辑，东莞扫黄恰恰是一个彻头彻尾的错误行径。

如果将这套“发展模式”推广到全国，只要这个行业能解决就业，人们能赚钱，能交给国家丰厚税收，是不是就应该睁一只眼闭一只眼任由它发展？在还没扫黄之前，可能很多人考虑，我们因为这个行业违法而将其打击、取缔，很多人会失业、下岗，还有大量的餐饮业、酒店业、桑拿服务业的员工又该何去何从？取缔一个行业产生大量的失业人口会给社会带来极大的不稳定因素，是个随时可能引爆的定时炸弹。就业是民生之本，减少失业，促进就业是一项浩大的民生工程，各级政府历来非常重视本地区的就业问题，这直接关系到国家发展稳定的大局。

据美国有关部门统计，美国的社会失业率每上升 1% 时，谋杀案件会上升 5.7%，入狱人数将增加 4%，社会安全基金要多投入 34 亿美元。

促进内需，刺激消费，是经济发展的重要引擎，我国现在就应当转变经济发展模式，改投资主导为消费主导，才能实现产业的升级转型。强盗、拐卖妇女儿童也有需求，但这些是不正当的需求，应该予以禁止，不然国家怎么稳定，社会怎么和谐，人民怎么安居。东莞在扫黄后，虽然有很多人丢了工作，短时间内酒店餐饮行业也因此生意惨淡，但是从长远来看，扫黄是国计民生、长治久安的必要举措，这些年过去了，东莞并没有发生社会动乱，经济照样发展，财政照样有收入，由此可以看出社会并非少了一些看似利润丰厚的行业就存活不下去。

在一部电视剧中，有这样一个情节：

逆臣发动叛乱，企图夺取帝位，江山社稷遭受累卵之危。值此危难之际，丐帮挺身而出，在帮主的带领之下，众豪杰不顾生死奋勇战斗，除掉叛军首领，击退了敌人，为皇帝平叛立下头功。皇帝非常感激，问帮主有没有什么要求，可尽管开口，不管是要钱还是要人甚至谋取高官厚禄，只要在他的能力范围内，一定答应。而帮主只是简单地说了一句：“我别无他愿，只求陛下勤政爱民，还天下一个太平盛世，让我这个丐帮帮主早日失业。天下无丐！”字字斩钉截铁，掷地有声。

发展生产力、改善民生依靠的是实打实的经济建设，来不得半点马虎和投机取巧。我国在 1978 年底召开党的十一届三中全会后就把工作重心转移到经济建设上来，实行改革开放的伟大战略决策。这几十年来，国内生产总值接连翻番，现已超越日本高居世界第二。但在商业利益的蛊惑下也有许多人为了钱不择手段，他们的眼里只有“孔方兄”，为了利益什么事都做得出，使得唯利是图的歪风邪气大肆蔓延，因此导致假恶丑接连出现，屡禁不止。从开始的黑心棉、“三鹿”毒奶粉，再到“苏丹红”事件、吊白块、注水肉，以及现在更为惊悚的地沟油，各种各样的有毒有害食品让人胆战心惊，国民的健康正被不良商家吞噬着，如果得不到整治，国家的未来不得不让人忧心。一旦社会崇拜金钱至上，随之而来的就是道德的堕落与腐败。我国提出以经济建设为中心，但经济建设必须坚持四项基本原则，不能只追求金钱而有悖于社会公德。在 1986 年 9 月的中共十二届六中全会上通过了精神文明建设指导方针的决议，在努力推进改革开放和物质文明建设的同时，大力加强社会主义精神文明建设。我们不能发展成为一个只是经济强大而精神文明空虚混乱的跛脚巨人，所以那些伤天害理、违法乱纪的钱坚决要抵制，宁可卑微如尘土，不可扭曲如蛆虫。行业如此，人亦如此。税收是用金钱来贡献的，赚不了钱就交不了税；就业也是为了让自己和家人过上像模像样的日子，同样和金钱密不可分，没钱是万万不能的。但要知道，贵族精神更体现在一个人的责任感、是非观、举手投足的涵养，学会尊重理解他人。许许多多的暴发户，奢靡攀比，习惯于对别人呼来喝去。这样的人的确是“穷的就剩钱了”，可对别人是越来越铁石心肠了。

法的价值包括自由、正义、秩序、效率等。由于其形态多样，社会生活复杂，人们的观念也有很大不同，法律的各价值之间不可避免地存在冲突，因此必须经常做出弃车保帅的艰难抉择，以寻求更圆满的结局。

法律的价值冲突有以下 3 种情况：

（1）个体之间法律所承认的价值冲突，如个人自由可能导致与他人利益冲突。

（2）共同体之间发生的价值冲突，如国际人权与一国主权之间的冲突。

（3）个体与共同体之间的价值冲突，典型的如个人自由与社会秩序之间常常会出现矛盾的情况。

解决法的价值冲突，应当遵循的原则有：

（1）价值位阶原则，又称为优先性原则，是指较高位阶价值优于较低位阶的价值。

（2）个案平衡原则，是指位于同一位阶的法律价值发生冲突时，应当综合考虑，平衡各方利益。

（3）比例原则，是指为保护较高位阶的法律价值而不可避免地侵犯其他利益时，不得逾越为达此目的所必要的程度。

对于控烟这个问题，我们可以用法的价值冲突的解决方式加以说明：

（1）价值位阶原则。这个毋庸置疑，人的生命健康，明显要高于吸烟权和烟草业的经济利益。

（2）个案平衡原则。此原则是针对相同位阶而言，所以严格来讲，它并不能在这个问题中适用。

（3）比例原则。《北京市控制吸烟条例》只是限制了吸烟地点，既保护了健康这个较高价值，又没有过于苛刻地剥夺吸烟的权利，而是兼顾了吸烟者和非吸烟者的利益，双方各得其所，可谓恰到好处。

法的价值冲突解决，实质上是一个利弊权衡、判断孰优孰劣的过程。

美国开国元勋之一托马斯·杰斐逊说：“管得最少的政府就是管得最好的政府。”经济学鼻祖亚当·斯密在其经典著作《国富论》当中直接主张经济自由，强调个性发展，政府不随意干预，问题可以用市场机制解决。

到了现在，我们实施社会主义市场经济，这就需要把“看不见的手”与“看得见的手”有机结合起来。政府需要做的是明确自身的界限，要管住自己的手；若路见不平，就“该出手时就出手”，除暴安良。每一个企业在选址、制定章程、公司治理、人才招聘、投资方案、采购和销售计划等各项工作的开展过程中完全可以自主决定，政府是不应插手的；但如果食品企业在食物中放入了不该添加的物质、建筑企业偷工减料产生“豆腐渣”工程、化工企业不断向河水排放超标废料，政府就必须祭出撒手锏，以克服市场自发性的负面后果。同时应当灵活运用货币政策和财政政策，进行恰当的调节，防范风险。既不越位，也不缺位，使市场在资源配置中起决定性作用和更好地发挥政府职能。（注意，是“更好”，而不是“更多”。）

（三）行业净效益的理论内涵

经济的繁荣、人民生活的改善，靠的正是市场大环境下各种产业的活跃，它们相互竞争又相互融合。我认为，人类社会发展到今天出现了很多行业，而衡量一个行业的优劣，标准不是能够创造多少经济产值和提供了多少就业岗位，而是看它对社会的正面推动。对此，我提出了一个概念叫“行业净效益”，也可称为“行业正效益”。行业净效益的精神在于：衡量一个产业的优势及对社会的作用大小，应当抛开税收和就业这两大因素不谈，而看它究竟能为人们做出多少“正面的实事”。每一个行业都应具备自身的“行业净效益”：餐饮业解决人类最基本的生存，让我们享受美食的诱惑；房地产业能够遮风挡雨，让百姓住有所居，给予创业者必要的经营活动场所；体育业能够增强人民体质，使人民拥有健康的体魄和阳光向上的生活态度；旅游业能使人领略无限美好的大自然风光，感受万里河山的磅礴之气，将隐藏在心底的豪情彻底释放；银行业能够给资金提供一个安全的场所，办理日常结算，提供国际货币服务，解决各种金融、理财、外汇需求，大大降低交易成本；即使是污染严重、一直被人所诟病的煤炭、钢铁产业，作为第二产业的支柱，在经济建设中也长期扮演了关键性的角色。

而本文探讨的烟草业的“行业净效益”是什么呢？是能给人带来短暂的兴奋感，还是看起来潇洒飘逸、玉树临风，抑或排忧解闷？我查阅了许多资料，总结出烟草业的“行业净效益”大概有这么多：

如厕时抽烟可以解味，若忘记带纸，可以用香烟盒解决。

遭遇海难，流落在荒岛上，香烟点燃荒草发出 SOS 信号。

想哭时，吸上一支烟，烟雾朦胧，来伪装掉下的眼泪，以免别人说你不坚强。

未成年人抽烟，可以引起离异父母的关注。

抽烟必须带火，遇到意外时，不用钻木取火。

抽烟后，增加了收藏烟盒、烟具的好习惯，成为古董家。

不怕蚊虫叮咬，因为蚊子都被熏死了。

女人抽烟会显得高雅、迷茫、琢磨不定，不易让男人看穿。

参加明星演唱会时，尽情挥舞着烟头，为偶像喝彩，能起到和荧光棒一样的效果。

经常在家里吞云吐雾，可以营造一个云雾缭绕的仙境，体验下神仙般的感觉。

……

好多问题简单得很，就是人为给搞复杂了。其实，只要把“行业净效益”的内容和精神摆出来，人们许许多多争论不休的东西，都能得到解决。

为何“行业净效益”独独要将税收和就业二者排除在外呢？很简单，那是因为贡献税收和解决就业，此二者是任何一个行业都具备的功效，不管这个行业是正的还是偏的，只要能挣到钱，就能给国家交税，也为社会提供就业岗位。因此，衡量一个行业的优劣，重要的是看它能为国家、为社会做出多少实实在在的贡献，而不是死盯在税收和就业之上不撒手，我们应当优化产业结构，更好地为经济、社会服务，这才是现今的紧迫需求。

也有人会说，汽车也有许多弊端，你怎么不提倡把汽车产业全都关停？诚然，汽车行业也会造成不少“行业负效益”，交通堵塞成为每个城市的通病，首都北京被戏称为“首堵”，堵车又堵心，搞得每个有车一族怨声载道，每次上街都是小心翼翼，或是急不可耐，生怕发生擦碰而引起不必要的纷争，还得劳烦保险公司出面；甚至导致重特大交通事故，令人无比恐惧；排放的尾气会造成环境污染，是引发雾霾天气的原因之一。

可是每一个事物都有两面性，有利必有弊，关键是我们心中要有一杆公正的秤，进行客观准确的权衡，这就是哲学上常讲的“矛盾的主要方面与次要方面”。如果利大于弊，我们当然坚持发展，要通过技术创新、管理创新来降低汽车带来的危害。相反，倘若一个行业弊大于利，就应该想方设法停止它对社会的危害。我们不能否认的是，汽车制造业的行业净效益是显而易见的，完全盖过了它的“行业负效益”，无论是货运还是客运，它都能大大减少物流成本、节省时间、提高效率，它的功远远大于它的过，没有了汽车，经济就立刻停止了，全球发展不知道要倒退多少年，想想古人去一个地方只能依靠骑马和徒步，难道要回到那样的社会吗？这当然不是我们想要的生活。

在 GDP 的各项构成中，烟草行业也是有贡献在其中的。然而，若是把危害扣除的话，它对于社会的功效必然为负数。对此，前卫生部部长、现任全国人大常委会副委员长陈竺也说：“烟草造成的经济损失已经超过了对税收所谓的贡献，在经济上是得不偿失的。更何况吸烟造成了患者、家庭、社会的巨大伤害，这是无法用金钱衡量的。烟草危害后果一般在 20 ～ 30 年内显现，很容易被短期经济指标所掩盖。”这点从上文的数据当中我们就深有体会，能否控制烟草对社会的危害，关键是看政府是否向着“良心政府”“法治政府”的方向发展。

一次我去雍和宫游览，公安人员在雍和宫墙外周围安置了多个大喇叭，喇叭中不断在高喊着：“面相、算命、起名，都是骗人行为，提醒广大游客不要上当”。这些算命行业既能贡献 GDP，又促进了就业，政府为啥要砸自己的“政绩”和那些算命先生的饭碗呢？其实这平凡的一幕体现了政府不以 GDP 论英雄的执政理念，而是追求居于更高层次的社会正义。虽然仅做到这一点还远远不够，但我们有理由相信，小事的点滴积累，终究能带来无限的正能量。

良好的政府给我们提供了一个充满公平正义的社会平台，在这个平台上，每个人只要怀揣梦想，只要脚踏实地勤奋不懈，终究可以向着自己的方向一步步靠近。即便是一个胸无大志的人，也可以用汗水解决自己的基本温饱。只要手脚不闲着，就不至于走上绝路。[①]但不管任何时候，大千世界无奇不有，有人坚信天道酬勤，埋头苦干；有人白手起家，靠着自己的双手和智慧闯出属于自己的一片天；有人锦衣玉食，出生起就含着金钥匙；有人穷孩儿早当家，尚未懂事就要跟着家人为一日三餐奔波不停；也有人幻想不劳而获，一夜暴富，依靠坑蒙拐骗达到不可告人的目的，但我们相信此类人只是少数，不然这个世界会十分的丑恶。有道是人间正道是沧桑，在正道上前行，或是筚路蓝缕，或是遭遇不测，经受风雨侵袭，付出几缸都盛不下的汗与泪，但我们也坚信以行走正道获取的财富，远比歪门邪路要好得多、多得多。

平凡的个体需要走正道，一个国家同样也需要走正道，不能只看重财政收入，而不顾百姓利益。一个国家只有坚持走和平发展道路，坚持为人民谋福祉，坚持可持续发展，坚持良法善治的经济发展理念，才会在不久的将来变得富强、民主、文明。从某种意上来说，消费创造的是 GDP，人民群众需要的公平正义也是 GDP。烟草行业正是一个侵害健康权的行业，目前完全禁止和关闭它或许还不现实，但我们可以选择一条更为合适的途径。现在北京实行的控烟令将烟草的危害控制在一个范围内，不让它在公

---

①出自老舍《劳动最有滋味》。

共场所扩散，虽然这样的管制政策不能彻底铲除烟草的危害，但至少可较为有效地让无辜人群免受二手烟的侵蚀，降低室内空气污染，提升大多数人的幸福感，相信这种模式也会逐渐扩展到全国范围。当然，从另一个角度来看待，其效益是可观的，风险是可控的，如果下决心进行鼎力革新，使用高科技手段改变烟草中的有害因素，让它的危害降至最低，甚至使得抽烟能像品茗一样反而有利于人的话，这样当然鼓励烟草行业的长足发展啦。

最后结语：你若盛开，彩蝶自来。只要是一个生气蓬勃、利国利民的朝阳产业，行业净效益足够大，必然会大大繁荣市场经济，改善人民生活和社会面貌。

至于税收和就业，那是水到渠成的事。

第四章
良法善治与企业经营

管理就是界定企业的使命，并激励和组织人力资源去实现这个使命。界定使命是企业家的任务，而激励与组织人力资源是领导力的范畴，二者的结合就是管理。

——彼得·德鲁克

一、企业“良法善治”的主要内容

企业是经济活动的最重要参与者，是最主要的市场主体。企业的兴盛与否，直接关系到一个国家的繁荣富强。因此，企业需要制定一系列的良法制度，才能取得善治，使自己在日益激烈的市场竞争中占据主动。下面我从五个主要方面来对企业良法善治的完善巩固进行阐述：

（一）建立有效的公司治理体系

公司治理的目标，就是为了平衡股东、经营者、监督者等利益相关者之间的关系，化解各方的冲突，降低代理成本，保障股东利益、提升公司的利润。公司治理要对这些相关者进行权利义务的安排。

1. 设计合理的股权结构

我国公司法强调公司的意思自治，股东的表决权可以通过公司的章程来进行规定。股权比例是决定股东各项权力的最主要因素。公司应当设置合理的股权结构，既要有股东之间的制衡、防止一股独大，也需要能够做出有效的股东会决策，使公司不至陷入僵局。

股权比例若设置不当，就容易产生纠纷，影响公司的正常经营。假设某公司只有两名股东，且二者各占 50% 的股权，这种平均型的股权结构不容易形成有效的股东会表决，一旦二者达不成一致意见，就会使经营陷入停滞；而对于“一股独大”的公司而言，公司的各项决策都会顺利通过，但控股股东可能凌驾于董事会、监事会之上，损害中小股东的利益，未必有利于公司经营。因此，在这里要实现一个平衡。公司最好有一个相对控股的股东，其他中小股东的持股比例总计要超过 10%，这样可以提议召开股东会临时会议和董事会临时会议，并在公司经营发生困难的时候能够请求法院解散公司。比如以中国建设银行为例，中央汇金公司持股 57%，香港中央结算公司持股 37%，其他小股东合计持股约 6%，应当是一个较为合理的股权结构。

2. 科学配置“三会一层”的运行机制，防止内部人控制

狭义的公司治理即是指所有者（主要是股东）对经营者的一种监督与制衡机制，即通过一种制度安排，合理地配置所有者和经营者之间的权力和责任关系。保证股东利益的最大化，防止经营者对所有者利益的背离。

若公司规模不大，股东人数较少，则全体股东可以自行进行经营管理而不必进行外聘。然而，对于规模较大、股东人数较多的公司，便需要聘任合格的经营者来为股东盈利。

此时在公司所有权和经营权分离的情况下，经营者并非公司

的所有者，获得的不是投资收益而是劳务报酬，职业经理人可能会谋取私利，采取短期行为，损害公司的长远利益。尤其是公司股权过于分散的情况下，股东更难把握对公司的控制权，此时公司更容易被经营者肆意操控。因此，为了保障公司及股东利益，就要有一套激励和约束机制，使得经营者更好地尽到忠实勤勉义务。

不少公司都在三会一层的运作方面存在诸多缺陷，诸如董事会的履职不到位，对经营层违法违规行为未能有效发现和阻止；监事会的监督手段不足，对董事会、经管层的尽责履职情况监督不力；一些董事、监事对自身责任认识不清，履职意愿不强，工作不到位。这些都是需要进行整改和完善的。

3. 防止权力过于集中

“一把手”是班子的核心，应当发挥好政治上的导向作用、决策上的主导把关作用和组织上的凝心聚力作用，要抓好大事、谋好全局。

然而，权力过分集中会造成对民主的破坏。“一把手”可能会权力膨胀，难以进行有效的监督制约。某大型国有金融企业董事长，在职期间蛮横霸道，独断专行，基本上他说啥就是做啥，如果有人顶他两次、三次，工作岗位就会被调整；他排挤异己、任人唯亲，将国有企业当作自己的私人领地，从管理层到食堂大厨，很多岗位他都安排了自己的老乡圈的人，可以说，在公司内他是一手遮天。可以说，这样的一把手负责制，破坏了政治生态，影响了党群干群关系，败坏了公司风气，导致潜规则的盛行。

一把手负责制的决策效率较高，但高效的决策未必就是科学的、合理的决策，因此需要进行权力的科学配置。限制权力、加强监督尤为重要，尤其是对于“三重一大”，必须经集体讨论，要允许发表不同意见，集思广益，博采众长，把好决策讨论关，防止一言堂的现象发生，尽可能防止决策失误。

（二）制定合理的经营战略方针

“小马拉不动大车”，但我们身边小马拉大车的现象仍然层出不穷。有的企业有钱任性，盲目扩张，喊出什么“全国第一”“亚洲第一”的口号，搞大规模的负债经营，实力不到位，自身硬件条件不允许，一味想“赶英超美”，只能以败局收场；有的企业缺乏长远战略规划，盲目跟风，看到别人获得利益，自己也蜂拥而上，在风起云涌的大潮中跃跃欲试，可忽视了这并非己所擅长，最后当然事与愿违，起得快，死得也快，更引发生产过剩的巨大危机，因为这些东西无法化为企业的优势力量，反而成为前进的包袱。经营管理不是赌博，企业的“作死”，大多是因为投资失败所导致。巨人集团不顾实际情况加大筹码加盖“国内第一高楼”，发生资金链断裂导致烂尾，史玉柱从中国首富变为“中国首负”；秦池酒业过于依赖大规模的广告效应，虽红极一时，最终成为支离破碎的泡沫。这些曾经家喻户晓的王牌企业从巅峰滑落便是我们需要牢记的教训。

因此，在市场上很多企业都是经过扩张以后，遭遇瓶颈最终还是重新实施集中策略，回归主业。如 2019 年 10 月，四大资产管理公司之一的信达资产公司在交易所挂牌转让旗下幸福人寿保险公司的全部股权，准备从此退出保险业。此举或许让不少金融业内人感到惊讶，因为我国对金融业的管控是十分严格的，要想成立证券、保险等金融公司，必须要经过严格审批之后才能拿到牌照，况且当前，保险业的准入门槛正在提高，保险牌照可谓是一块令人眼红的香饽饽。信达公司此时反其道而行之，可能会让人觉得有些不解。

但若深入了解信达近年来的盈利情况可以发现，信达总体利润不是很高，很大程度上是因为旗下保险公司拖累的，倘若继续扩张发展下去，信达很有可能继续因此而亏损下去。因此，有必要施行收缩战略，把效益不佳的非主营必须业务剥离出去，以响应中央的号召，更好地回归主业。从信达的案例可以看到，如果主业不清晰，副业过多同时未能得到好的发展，反而导致公司有限的资源被分散利用，原本强大的主业会被副业所拖累，继而会影响整体效益，因此必须进行瘦身改造，砍掉一些没有前景的业务。

习近平在两会上指出：做企业、做事业，不是仅仅赚几个钱的问题。做实体经济，要实实在在、心无旁骛地做一个主业，这是本分。专心做好主业，生产出高质量的核心产品，才是真正的经营之道。那种把主业当成副业、把跨界副业当作企业主攻方向的做法，可能会导致后续的经营危机。因此，企业不能盲目转型扩张，要围绕主业增强核心竞争力，才能成为百年老店，屹立不倒。可以说，从古至今，真正能成为百年老店的企业，往往不是大规模的集团，即便原来是集团，最后也会解散，保留核心业务继续往前发展。不少成功的企业都施行了集中化战略，只针对特定的购买群体和区域市场，比如“海澜之家，男人的衣柜”，这句广告语让海澜之家成功瞄准了男性市场，区别于市场上多数的同类型品牌服装店，海澜之家的精准定位让其迅速打入男性消费群体，其集中化战略得到市场的认可，取得极大的成功。除了海澜之家以外，宝洁旗下的飘柔、海飞丝的洗护用品系列，也是多年来坚持只做洗护用品，精准运用集中战略，让消费者印象深刻，成为众多洗护用品品牌里的佼佼者。

（三）构筑强有力的风险管理制度

中央经济工作会议把防范化解重大金融风险列为“三大攻坚战”之首，其中，防范化解金融风险是重中之重。我在国有大行和国有金融资产管理公司工作过，深知风险控制的重要性。1999年，为应对亚洲金融危机的冲击，处理银行坏账，四大金融资产管理公司相继成立。金融资产公司成立的目的便是“化解金融风险，提升资产价值”。对于金融机构而言，要做到防控风险，以下两点是非常重要的：

1. 做好客户把关

银行将贷款发放给了不合格的借款人，就有可能出现坏账，产生不良贷款；资产管理公司若是和劣等客户开展了重组业务，就有可能出现内生不良，严重影响公司的效益和流动性；公司若和一个信用状况堪忧的交易对手签订合同，就有可能得不到应有的产品和质量，也会有被拖欠货款的可能。选择优质客户作为自己的合作对象。选好了客户，就是控制了风险的源头。

选择优质客户，最重要的一点就是做好尽职调查，就是运用各种手段对交易对手的各项情况做一个详细的了解。尽职调查需要收集许多资料，包括但不限于：

（1）经过律师事务所审计的审计报告，用以分析近几年公司的经营状况、财务状况。

（2）信用评估公司出具的《信用等级通知书》，以了解该单位有无信用瑕疵。

（3）国家有关部门颁发的资质证书，如营业执照、土地使用权证、房地产开发资质证书、建设用地规划许可证、建设工程施工许可证、商品房预售许可证等。

（4）公司涉诉、担保、查封情况。

（5）公司股东尤其是控股股东的情况。

（6）公司董事会、高管层、监事会人员名单及简历。

尽职调查要综合运用多种手段，包括网络搜索、现场勘查、关系人访谈、工商查询、查阅档案等诸多方式，尽可能掌握一切可利用、有价值的信息。

2. 完善押品管理制度

不论是银行还是资产管理公司，押品管理的重要性都是不言而喻的。因为交易对手可能会出现经营困难，流动性资金会出现紧张，随时可能违约，押品可以说是金融机构的关键保障，是一个重要的信用风险缓释工具。对于以不良资产为主业的金融资产管理公司而言，第一还款来源已经很难保障债权的实现，作为第二还款来源的押品便体现出了独特的价值，管好了押品就是维护好了债权。要控制好押品风险，需从以下两个主要方面入手：

一是要加强对押品的管控。一定要做好押品登记，否则无法对抗第三人；押品要真实存在、权属清晰；要加强对押品的投后管理，进行连续的动态监控，要定期进行实地走访、登记机关核查；加强押品集中度管理，防范因单一押品或单一种类押品占比过高产生的风险；当押品出现物理性损毁和价值贬损之时，要及时采取补救措施。

二是要落实严格的押品准入制度，选择那些易变现、有保值升值潜力的押品。一些押品所处位置很差，有价无市，长期滞销，攥在手里总是无法变现，这样的押品成了包袱，无法满足公司要求。房地产和股权是两个最为重要的抵质押担保对象。对于房地产而言，应当选择交通便利、物业管理完善、周边配套设施齐全的房产作为抵押对象；对于股权而言，最好是选择效益良好的上市公司的股权作为质押对象，如果选择了非上市公司的股权，就要对该公司的资产负债率、净资产、净利润、现金净流量、信用等级等诸多指标做出规定。而对于机器设备、存货、知识产权、收费权、应收账款的抵质押，应当十分慎重。

当然，我们应当知道，良好的风控可以让企业走得更稳，但不能让企业走得更快。有的人说："我害怕失败，所以我就天天待在家就行了，防着风险找上门来。"什么都不去做，看起来好像是杜绝了风险。但其实这绝对不是一条好路径。如果惧怕风险而裹足不前，那会导致更大的风险，即事业、人生一事无成的风险。不去冒风险才是一个最大的风险。明清时期，中国实行海禁，杜绝与外界的互通有无，这样确实能够抵制一些外来的经济入侵，却酝酿了更大的风险，即与世界先进技术、管理经验脱轨，眼界狭隘、思想僵化的风险。因此，风险和机遇是并存的，只要我们重视风险，防控风险，能够去粗取精、去伪存真，就能在最大程度上规避风险、抓住机遇，谋求广阔的发展。

（四）坚持依法合规经营的基本要求

对于金融机构而言，依法合规经营是保证自身稳健发展的基石。对于提升管理水平、防范合规风险、提升品牌价值具有十分重要的意义。

这里的“规”，主要包括三方面：一是国家有关机关颁布的法律、法规、规章；二是企业内部的管理制度；三是相应的职业操守和道德规范。以上三类规范都是需要员工遵守的对象。可见，合规的内涵比合法要更广泛，它对员工的行为提出了更高要求。

因此，片面强调业务拓展而忽视合规要求是绝对不可取的。这样的行为在短期内可能带来一些经济效益，但长此以往一定会带来严重后果。金融机构往往伴随着高风险，一旦违规操作，轻则被监管机构开出罚单，责任人员受到处罚，重则失去信誉，甚至破产倒闭。合规风险往往是信用风险、操作风险、声誉风险的诱因。比如在 2020 年 5 月，某银行在未经客户本人授权的情况下，将该客户的银行流水账单提供给了别人。银行制度明确规定，打印银行流水必须客户本人前来办理，因为这涉及客户的隐私，即使是家属也不得代为办理。而该银行明显违反了一些规定，这种违规行为导致了员工违规操作，给该银行抹了黑，造成了严重的声誉风险。20 世纪末，震惊世界的巴林银行倒闭事件，就是因为交易员尼克里森的违规操作，在未经授权的情况下以银行的名义认购了 70 亿美元的日本股票指数期货，并以买空的做法在日本期货市场买进了价值 200 亿美元的短期利率债券，企图以此博得巨大收益。然而人算不如天算，阪神地震后日本债券市场持续下跌，巴林银行因此而损失十几亿美元，不得不宣布破产。

不仅仅是金融机构，所有企业都应当牢牢践行依法合规的基本准则，并制定好一套合规管理制度体系：

1. 合规考核制度

合规考核既是一种监督机制，也是一种激励机制，它有利于约束和指导员工的行为，同时也会促进员工合规意识的巩固，提升员工合规自觉性，因此它具有双重的效用。

合规考核应当贯彻“合规人人有责”的原则，覆盖前中后台所有部门，做到公平、公正、公开。合规考核的形式有多种多样，比如定期考评、随机抽检、暗访等。对于有合规贡献的员工应当给予表彰，而对于出现合规问题的员工则应给予相应的处罚。

2. 合规举报制度

中国上市公司协会 2019 年年会上，证监会主席易会满提出：研究优化“有奖举报”等制度机制，让做坏事者付出代价，让举报人得到奖励，以调动举报人的积极性和主观能动性。因为举报能够使得企业避免合规风险，减少了经济损失，因此企业应当对举报人进行适当奖励，同时建立完善的制度以保证举报人的权益，不得对举报人进行任何形式的打击报复。

3. 合规培训制度

要经常组织开展对规章制度的学习，让员工尽可能多了解合规内容。还要加强对反面事例的学习，吸收其他单位被监管部门处罚的教训，举一反三，增强风险防范意识。还可以定期举办一些“合规文化宣传活动”“合规教育年”等主题活动，通过小品比赛、海报征集、知识竞赛等多种方式进行宣传教育，通过多种方式营造一种提倡合规、抵制违规的良好工作氛围。

党性教育同样是合规培训的重要组成部分。虽然我国还没有明确把党规党章明确作为合规义务的渊源，但是，尤其是对于国企而言，合规体系建设不可能和党内法规无关。员工若是对党纪国法视为儿戏，那必然会违规经营，谋取私利，因此我们必须要重视党性教育。企业的董事长或总经理往往兼任党委书记，应当负起责任，不能当“甩手书记”，要把党建工作和业务发展紧密结合起来，不能重业务而轻党建，要时刻组织对公司全员的教育活动，比如党委书记讲党课、请专家前来授课、参观红色教育基地等，这样才构建合规文化，更能起到良好的合规效果。

（五）树立正确的选人用人导向

1. 招聘“恰当”的员工

任何一项工作都是由人来完成的。人才是任何一个组织兴衰成败的关键，拥有了得力的人才就拥有了最好的资源，就能在激烈的竞争中占据制高点。因此，完善人力资源“良法”是非常重要的工作。

有句话叫“多深的水养多大的鱼。”企业不应盲目追求高学历，不要“大材小用”，否则留不住人才。东汉末年，庞统作为当时的大儒，时人有曰：“卧龙，凤雏，得一人可安天下也。”可来投奔刘备之后却被安排做一个小小的知县，于是庞统便整日饮酒寻欢，消极怠工。比如有的律师事务所对名校的法学硕士并不感冒，反而对普通本科院校的毕业生青睐有加。因为他们对自身情况有一个清醒的认识，知道“小庙难容大佛”，名校学子是“危险品”，难以驾驭，不妨实际一点，把眼光放低些反而更加稳妥。

而有些“财大气粗”的单位恰恰相反，一些大专生甚至中学生即可上手的工作，却偏偏招许多名校毕业生，美其名曰“高标准严要求”，但实际上是摆花架子充门面，满足自己的虚荣心罢了，表面光鲜无比，实则是暗涌深藏，爱慕虚名的人必然是徒有虚名。因此，凡事应当注重实效，而不要追求那些华而不实的东西。有句话叫“用对人比用牛人更重要”。名校学子可谓是“牛人”，但未必是“对人”。如果无法为“牛人”提供更为适合的发展空间，那么，还是老老实实地招聘“对人”才更为靠谱。否则，你就不要对辞职浪潮一波接一波地汹涌而来表示大惑不解了。有这样一句告诫员工的话：“这个世界上没有任何一个平台恰好满足‘钱多、事少、离家近’，如果你厌倦你现在的工作，跳槽不是最根本的解决办法，不会游泳的人换个游泳池也没用，根本的办法是改变自己的态度。”同样地，我也要送一句话给广大用人单位：“如果员工总是接连离职，再花血本招聘新人填补漏洞也不是根本的办法。而要做的是深刻反省，改进人力资源管理模式，勇于创新变革，才能用更好的良法取得善治的良效，才能扭转不利局面。”工作和婚姻极为相似，婚姻讲求“门当户对”，如果两个人的学历学识、家庭背景、个人经历相差甚远，恐怕也难以真正走到一起。用人也同样讲求“门当户对”。

2. 加强激励机制

就拿某些单位不合理的规定来说，它们只有“罚”的制度，而欠缺“奖”的制度。人们普遍认为：干得好是必须的，干不好才是应该受惩的。这种认识是一个误区。海底捞的创始人张勇就说：“谈钱，才是对员工最好的尊重。”

我有个亲戚曾经开过烧烤店，雇过一个专做烧烤的服务员，有时客户来就餐，他想偷懒，总是甩甩手说：“你去隔壁那家吧。”亲戚对此义愤填膺。而对此我批评了我亲戚：“你以为人的思想境界都那么高尚吗？工资是死的，干与不干就完全没有区别。如果换了你，你肯定比他还懒！”出现滥竽充数的问题，主要原因在于齐宣王的制度漏洞，而非南郭先生的道德缺陷所致。毛主席就说，“做一件两件好事、一天两天好事容易，但要一辈子做好事是非常困难的事”。因此，必须有相应的机制做保障。万达集团董事长王健林说过，“人性本身是有弱点的。所以我常讲，不靠忠诚度，要靠制度。忠诚度是靠不住的，今年有忠诚度，明年也许就没有。万达要尽可能在制度设计上做足文章、减少漏洞”。

没有激励机制的团队，按《亮剑》中李云龙的话来讲，这只能是一支不犯“错”、少犯“错”的队伍，是一支严格执行上级命令的队伍，却无法成为一支有血性、嗷嗷叫的队伍。两军开战前，主帅经常会发布一道命令：“擒得敌将者，赏千金，封万户侯！”员工的工资、福利应当和其接待的客户数量及企业营业收入规模成正比，这样员工才能更好地把顾客当亲人一样对待。否则，员工就会抱着“客户越少越好”的消极态度，甚至是想方设法把客户打发走以求赚得清闲时光。如果干多干少一个样，谁还想去干活呢？售票员的工资应当和乘客数量成正比，因为李素丽只有一个，是难以复制的，我们不可能把每个乘务员都培养成李素丽。聪明的领导者总是会注重激励制度的完善，奖励有多种形式，可以是物质上的，也可以是精神上的。但有一点尤为重要：奖励必须要及时、要明显。这样才能真正让员工体验到幸福感，激发创业热情，提升企业效益。

激励员工有多种方式，要以正向激励为主。榜样激励便是一个好方法。企业要多组织开展评优评先、知识竞赛等活动，树立先进典型，作为全员学习的标杆式人物。这种不仅可以让获奖者更有自豪感，也能让人见贤思齐。海底捞就十分鼓励创新，哪位员工提出了一项金点子并付诸实践，海底捞便以该员工名字命名这项发明创新，大大提升了员工的积极性和满意度。

3. 对员工有一个综合客观的评价，多看重员工的优点

可许多企业就是过于看重员工的缺点，对优点却经常视而

不见，导致不能用人所长，优秀人才不能脱颖而出。龚自珍有诗曰："我劝天公重抖擞，不拘一格降人才。"企业用人要"不拘一格"，不要用一套固化的模式作为选拔人才的手段。企业不仅仅要主动去发现人才，还要鼓励员工毛遂自荐，只要有所专长，就应大胆录用，宁可重用"有缺点的人才"，也不要重用"无缺点的庸才"。曹操手下的大谋士郭嘉便是一例，郭嘉有着很大的个人问题，贪酒、好色，生活不检点，但曹操更爱他的神机妙算、足智多谋，对他的放荡个性采取了睁只眼闭只眼的态度。而郭嘉果然不负所望，擒吕布、破刘备、败袁绍，这些战绩无一不是郭嘉经天纬地之才的结晶，可以说郭嘉是曹操平定中原成就霸业的最大功臣。而后郭嘉英年早逝，曹操为此放声痛哭，悲伤得无法自拔。

4. 加强对员工的人文关怀

在硬件设施上，企业应当积极努力做得更好。有句话叫"要想留住员工，就要留住他的胃"。位于珠海的金山软件公司便是典型，它从办公环境、休闲娱乐、生活美食方面为员工提供全方位的服务支撑。金山的食堂汇聚了来自大江南北各派菜系的厨师，精心烹制各式菜品，让员工随时可以品尝到家乡的味道，还配备了咖啡厅、观景台、瑜伽室、电影院等生活娱乐场所，员工可以将业余生活安排得丰富多彩，释放工作压力。

在"软"的方面更是如此。管理学上有个著名的"霍桑效应"，如果得到上级的认真倾听，会让员工觉得自己受到重视，便会对单位产生更强的亲近感；如果自己的提议得到了上级的肯定和落实，员工则会更有成就感，更有主人翁的地位。如果员工一番肺腑之言压在心里无法表达，必然会闷闷不乐，心情抑郁，从而影响干劲。管理者千万不能摆出一副高高在上的姿态，让官僚主义作风蔓延。唐纳德·基奥在《管理十诫》一书中指出："如果你想把你和员工之间的距离拉得更远，那么不妨雇用一群顾问和员工守候在你左右，他们的工作就是对你阿谀奉承。不论你从事什么职业，在你的周围一定要有能提出反对意见的聪明人。"让人说话，天塌不下来。任何一个有作为的领导者都应当是积极的倾听者。

（六）小结

一个企业的生产经营活动，涉及方方面面的领域和环节，必须有一套适合自身发展的良法制度作为保障。任何一个成功的企业家，必然是"良法"与"铁腕"的结合体。身为老板，如果制定不出"良法"作为保障，就不可能达到"善治"，许多老板对待员工的态度是"你想在这干就干，不想干就趁早走人"，对自身的问题却从不反省，目空一切，唯我独尊。像这样没有一套良法制度作为经营保障，而是恶法丛生的企业，注定不可能取得善治，也不会走得长远。

二、以商业银行经营为例——商业银行应当如何避免发生推诿客户的行为

我在国有大行有过工作经历，对银行的日常运作有着较为深

刻的认识。银行是金融业的重要组成部分，与人们的日常生活紧密相关，为广大居民和单位提供吸收存款、发放贷款、办理结算的综合服务。个人和单位进行经济往来，大都通过银行账户来进行。网点是银行的最基层，它是直接和顾客打交道的场所，大量的对公及对私业务都要在网点进行。因此，网点的日常经营管理是银行工作非常重要的一环，直接关系到其盈利水平与声誉的高低。可以说，完善基层网点的治理工作，应当成为银行极为重视的环节。

可是，银行经过了多年的发展，还是存在着许多问题，推诿客户便是其中之一。谈到推诿客户，可能许多人会感到不解。我们都有去银行办理业务的经历，比如开卡、存取款、转账、挂失等，并没有过被推诿的经历。相反，在多数人的眼里，银行员工几乎都是面带笑容，热情洋溢，满有耐心地待人接物。但其实，一些客户不知不觉地就被推诿了，只是大多数人未必能够有所感知而已。

（一）银行推诿客户的现状及原因分析

1. 银行推诿客户的现状

银行是国有单位，有国家力量做后盾，有投诉机制的威慑，因此银行员工基本不敢像许多民营商户那样明目张胆地与客户进行争吵，进行强势推诿，而是会采用“柔”的手段来达到目的，即编造一些虚假事实来告诉客户：此业务无法在本网点办理，让客户“另寻他路”。

存取款、普通转账等业务耗时短、办理速度快，银行往往不会针对这些业务进行推诿，被推诿的几乎都是那些复杂耗时的业务。比如，非居民业务流程复杂，因此是被推诿的重要对象。非居民包括中国香港、澳门、台湾的居民以及外国公民。非居民手持港澳通行证、护照等证件，相比于手持身份证的大陆居民，其业务操作过程复杂得多。许多非居民客户是外行，不熟悉银行业务，一旦被银行员工蒙骗，就信以为真。外国公民更是如此，他们语言不通，不了解中国银行业的实情，如果银行员工动辄编造一些诸如“电脑机器正在维修”“本周我网点无法办理外币现金业务”“网络系统出现故障”等虚假情况进行推诿，便很容易达到目的。这类业务无论在哪个网点做，对客户而言没有任何差别，因此银行便想把客户推到别的网点去办理，自己得到片刻休息。

2. 银行推诿客户的原因分析

最主要的原因是：许多业务并不盈利，是“为他人作嫁衣裳”。而即使办理了盈利的业务，员工也难以从中得到收益，反而会让自己付出更多无谓的辛劳。

银行强调客户的重要性，是因为如果某人成了银行的优质客户，就会将许多资金存入卡中，银行以此能够完成存款任务，或是其购买各项产品，让银行更好更快地完成营销工作。但有三点我们必须正视：首先，该客户到底能否成为本行的优质客户，进而为银行带来利益？这种收益是不可预知的，而将客户推走，赚得休息时间所带来的舒适感是近在眼前的。于是乎，网点员工没必要为了日后不确定的收益，而放弃近在咫尺的舒适。其次，许多业务并不赚钱盈利，比如取款、转账、修改客户信息、零钱兑换、打印银行卡流水等。再次，即使办业务让银行得到了收益，但员工就能从中得到一定的实惠吗？恐怕未必。这便是激励机制缺位的表现。无论干多干少，工资水平并未产生什么变化。这便让广大银行员工们产生了“即使有再多的优质客户，也与自己无关”的消极心态。国有银行的激励机制不明显，薪酬发放较为平均，不能充分反映员工的价值。若是做与不做一个样，做多做少一个样，谁还愿意无私奉献呢？

有这样一个很有意思的段子形容柜员与客户的关系：

每天银行一开门，我就觉得是一大波僵尸在靠近。大堂经理是食人花，消灭一个很久才可以使用；柜员是豌豆射手，分排地打击敌人。现金主管是向日葵，源源不断为柜员提供原材料，会计主管是倭瓜，遇到大额存取和高难僵尸出马一下摆平。优秀的柜员是樱桃炸弹，一个顶三个用，办业务慢的柜员是单发射手，总能打死，但需要很长时间。办理开户业务的是帽子僵尸，办理挂失的是铁桶僵尸，开完户就忘记密码又挂失的是橄榄球僵尸。一个人带一堆人来，还叽叽喳喳的是跳舞僵尸，老头老太太是报纸僵尸，平时动作很慢，一旦被惹毛了就发疯了。不讲理的是怪兽僵尸，还时不时就抛个小僵尸攻击我们，即使是会计主管出马，也需要两次才能拍死。关键是打僵尸时还得注意文明标准服务，打错僵尸还要扣钱。有时顺利通关，有时还得打无尽版。每天直到坚果墙样的卷帘门关上才把僵尸们挡住。

娱乐之余，不禁引起深思。为何银行网点员工和顾客之间的关系到了如此紧张的地步？为什么客户越多，网点员工心情就越低落抑郁，客户越少，反而心情越畅快。银行服务七步曲的要求包括举手迎、笑相问等。但柜员对顾客的笑，到底是油然而生的真心表达，还是仅为一种强颜欢笑，我们无法推知。

下面这几种对话在银行内随处可见：

“大堂怎么这么多人！累死了，两个小时都没活动一下。”

“今天大堂没什么人，太好了，终于有时间休息了。”

“最近我怎么这么倒霉，怎么老是赶上办理境外汇款这种复杂业务。”

“大街上网点那么多，他们换个地方办业务不行？怎么就偏偏跑到我这来了？”

这样的心态，完全是把工作当负担，把客户当敌人。虽然碍于各种因素，嘴上不说，但心里已经开始抵制了。银行口口声声说要全心全意为每个客户服务，但员工心里总是盼着客户越少越好，这不是口是心非吗？这不是自相矛盾吗？难道搞好服务只是一种口号？只是为了对付？

“顾客就是上帝”，这是我们常挂在嘴边的一句话。为什么商家要把顾客当作上帝来对待？因为顾客是商家的衣食父母，只有为客户提供高效、热情的服务，为客户提供高质量的产品，才能赢得信赖、树立口碑。这样一来，不仅能留住老顾客，让其成为频繁光顾的回头客，也能开拓新顾客，让更多的人购买自己的商品和服务，创造源源不断的利润，员工的收入水平才能得到提升。相反，倘若顾客为商家带不来利润，只是徒添负荷，那么商家绝不可能再将顾客作为上帝，而是作为魔鬼来看待了。柜员中午经常不能按时用餐，没有午休时间，这本身对身体就是一种损害，所以自然盼着客户少些，才能更安心地吃饭，不至于忍饥挨饿。银行人是只知道上班时间，从来不知道下班时间。虽然 5 点能够关门停止营业，但 4 点 59 分进来的客户，银行也要耐心地帮助办理，在这个时候看到一个匆忙跑进来的客户之时，员工不禁心里一阵哀叹——“完了，又不能早点下班了”。这样的顾客，在银行人眼里，只是为自己增添负担，怎可能再将其当作上帝来看待？银行过于强调为客户做好服务，但忽视了对员工的日常关爱。银行领导总是要求下属们杜绝推诿行为的发生，尽全力为客户提供优质周到的服务。这本身没有什么错误，但是，在许多柜员眼里，这是不折不扣的“站着说话不腰疼”，毕竟领导在后台工作，不必临柜，体验不到下属们的劳累。“柜员在前头冲锋陷阵，领导在后头挥鞭强压”。这种逼迫式的管理模式是难以取得良好效果的，员工只能是口服心不服，于是想方设法对着干、钻空子。

（二）解决问题之“良法”

客户是银行的重要资源，没有了客户的支持，就无法生存立足。可以说，推诿客户是一种缺乏责任心、不讲职业道德的行为表现。但是，我们应当深入挖掘其背后深层次的东西，难道这只是员工的道德问题？难道银行的管理方式没有需要改进的地方？正如万达董事长王健林所言："不靠忠诚度，要靠制度。现在社会诱惑多，忠诚度也会随时间发生变化。人性有弱点，可能今天有忠诚度，明年就没有；遇到金钱有忠诚度，遇到美女也许就没有忠诚度。"责任心有时候并不牢靠，员工拥有一段时间的责任心不难，但要使得员工保持更为长久的责任心，需要制度做保障才更为可靠。一个好的制度会让人热情洋溢，干劲十足；而一个坏的制度会让人变得麻木、沉沦，甚至走上邪路。我认为应当从以下几个方面入手来完善银行的管理制度：

1. 完善激励机制

都说"没有功劳也有苦劳"，许多业务虽然不盈利，但至少为客户实施了良好的服务，这便是贡献，我们不能单纯把赚不赚钱作为一项工作的评判标准。银行也要承担社会责任，也要提供各类"不赚钱"的服务，这是自身本职所在。只要为客户做了实事，帮人解决了难题，就应当得到肯定，也应当相应地得到物质上的照顾。

在国有大行中，固定薪酬占比较高，而浮动薪酬的比例较小，这样会挫败工作积极性。因此，"低基本工资，高提成"应当成为一个普遍存在的商业模式，银行应当参照施行，按照业务的复杂程度来给员工提成。比如做一笔较复杂的跨境汇款，提成20元，做一笔简单的存取款业务，提成3元。柜员不是理财经理，并不以营销为主业，因此其办理业务的数量及复杂程度应当成为评定薪酬待遇的最重要指标。此时要发挥信息技术的功效，充分运用大数据、云计算，建立一个信息检测系统，监测员工的业务量，把业务数量及复杂程度作为评定绩效工资的依据。通过统计，能一目了然地看出谁更勤劳，谁在偷懒，以此加强监督。激励的作用是强大的，它能够更好地驱走惰性，激发员工的热情和创造力。

这种提成不必过多，但它的激励意义是非凡的。做一笔业务，就能得到一笔业务的价值，一点一滴的付出都能有所回报，员工心里会得到满足感。推诿客户，实际就是“为别人打工”的心态在作祟，办业务赚的钱也是归属于银行的，跟自己没有关系。如果通过完善制度，变“为别人打工”转而成为“为自己打工”，效果将会惊人的不同。当然，激励要明显，要直观可视，即不仅要对人好，也要让人清楚地知晓别人对他的好，员工如果无法直观感受，那么激励一定很难达到预期效果。可以采取列表格的方式让员工直观感受到自己的工作和所得绩效之间的关系，通过此类方式能清晰地看出谁在辛勤工作，谁在偷懒，员工之间形成对比，用数字说话，多劳多得。这不仅是一种物质激励，同时也让员工感觉到了自我价值的实现。

当然，柜员也可以充当营销者的角色。理财业务包括理财产品、基金、保险、贵金属等，银行代表着国家信用，其产品安全系数较高，不易发生跑路风险，容易受到青睐。但一些银行往往过于重视柜员学习办理柜台业务，而忽视了营销能力的培养。而营销工作则是银行盈利的更关键因素，这不应只是理财经理的任务，柜员也不能回避，也应当积极参与融入其中，为银行大家庭多做贡献。毕竟理财经理人数相对较少，有时忙起来便捉襟见肘，不可能顾及所有客户。柜员才是跟客户直接交流的第一道窗，更能方便地捕捉到理财需求。如果柜员能力足够，恰到好处地向客户进行理财营销，效果将十分显著，更容易为网点创造效益。许多柜台业务并不盈利，但如果通过办好柜台业务，让人感受到贴心的服务，赢得客户的信赖，再以此为跳板，进行适时营销，便能水到渠成，为网点的效益添砖加瓦。因此，应当注重员工多方面综合能力的养成，不要出现“短板”。当然，柜员的主业是办理各类结算业务，营销对其而言是“副业”。所以说，营销工作应当作为一项权利，而不要作为一项义务强压在柜员的身上——做到了，应当赏，未做到，不能罚，否则柜员的身体压力、精神压力将会进一步加大，负面情绪一触即发，引起更严重的后果。

2. 进一步优化业务流程，减少不必要的繁文缛节

现在的人们工作生活节奏加快，时间就是金钱。客户的时间很宝贵，银行的时间也很宝贵。即使科技水平再发达，但倘若思想跟不上时代步伐，也无法取得良好效果。的确，处理日常业务要严守合规底线，不能图省事而绕过监管规定。违规操作很容易引起纠纷，给银行带来不必要的麻烦。比如客户若想购买银行理财，必须进行“双录”，即录音录像，以留存证据。若发生纠纷，这是保护自身利益的法宝。但有些无关紧要的事项，应当逐步放开手脚，不必管的过严、过死，否则不仅给自己，也给客户带来巨大不便。外国居民办理一些业务，都要手持护照，还要进行核

查、录入信息、填写不少单据，纷繁冗杂，令人十分不悦。

俗话说不看广告看疗效，形式主义的不良风气必须予以杜绝。形式主义是我党极其反对的“四风”之一，若是沾染了形式主义的习气，做事就会不切实际、不求实效。有的银行让自己员工频繁操作“取一元钱，再存一元，而后再取两元，再继续存进去……”来来回回数十次；还有的银行要求员工每天都在智能柜台上做数十笔“挂失－解挂”业务用来凑数。一些银行还要求员工不断地办理本行信用卡以凑信用卡营销数量，好多老员工的名下都有超过 30 张的本行信用卡。办这么多卡有必要吗？会有人去使用那么多信用卡吗？这不过是一种虚假的数字罢了。扭曲的业绩观充斥在银行人的心中，这种不折不扣的穷折腾，徒然加大了劳动量，对实质结果不会产生任何影响，没有任何看得见摸得着的实惠，必然会遭到唾弃。每个员工的时间都很宝贵，应当让员工把有限的精力投入到更有意义的业务当中，绝不该耗费在没有功效的事情上。商业银行应当牢牢树立求真务实的发展理念，加大监督检查力度，杜绝这种毫无道理的穷折腾。国务院提出简政放权、削减行政审批事项、努力为人民群众创造良好的创业环境，正是这个思路。商业银行要深入学习，积极响应，以实际行动来兑现自己的庄严承诺，努力为员工着想，才能得到支持拥护。

3. 实行岗位轮换制，为员工提供更为广阔的发展天地

刚入银行的新员工，不论其学历高低，一律安排在网点锻炼。这种基层锻炼，是为熟悉基层业务，为日后走向更好层级岗位打下基础，有一定的必要性，但也应该掌握一个度。如今的现

状是：许多人一旦下了基层，就很难往上发展，基层与上层的通道不畅通。

曾经的银行招聘了不少三本、职高毕业的学生，这类员工对自己的定位和要求不高，大都满足于在基层网点长时间贡献劳动力，辞职的人很少，可以说，他们是网点的支柱。然而，现在银行腰杆子更硬了，招聘条件更严格了，想把一切名校的硕士揽入怀中。可这样一定就好吗？名校硕士往往心比天高，对自己的要求不低，渴望从事真正有技术含量、具有挑战性的工作事务。如果长期在网点从事单一的工种，岗位总是得不到调整，曾经的一腔热血被榨干，很容易出现思想波动，可能把一身怨气撒在别人身上，推诿客户甚至直接甩手离职的现象就会屡屡出现。柜员在摄像头的监控之下做着重复而琐碎的工作，日复一日年复一年，个人的眼界视野变得越来越狭隘，学不到更有用的知识。近些年银行员工辞职率一直居高不下，工资待遇只是其次，职业发展路径受阻才是首要原因。相比于中信、招商、浦发、平安这些股份制银行，国有大行员工的平均工资较少，如果福利待遇得不到提升，又无法在职业生涯中更进一步，就真的没什么盼头了。许多人已经遭遇职业生涯的天花板，再学不到新的东西，即使勉强留下没有离开，但也是“身在曹营心在汉”，做一天和尚撞一天钟，只是为了工作而工作，纯属应付，对未来没有任何憧憬，自然不再想多付出劳动。一个员工的离职，对单位而言不仅仅是意味着损失了有经验的人才，对于其他员工也是一个不好的示范作用——1 个员工离职会触动 3 个员工的离职念头，这就是可怕的蝴蝶效应。

还有就是银行把诸如点钞、敲打计算器、对公对私大机版等技能考试看得过重，似乎把这些当作一项重大的“政治任务”来对待，美其名曰“发扬工匠精神，提升服务质量”。即使员工摆脱柜员的身份，成了理财经理、客户经理，技能考试仍是跨不过的一道坎。练技能真的有用吗？这只是动手的工作，并不动脑，即便练得再熟又有什么用呢，大脑当中还不是空空如也吗？也只能成为一个高级服务员罢了。几乎没有一个银行员工认为这种技能考试真正有用的，只不过自己身在银行，不得不委身屈服罢了。我想任何一个学生来银行工作是为了成为一个优秀的金融人才，绝非是来当服务员的。而且，这存在着很大的不公平性——总行、分行部室的人不必练习技能，而网点、支行员工却要遭这个罪，这公平吗？如果说练技能真的有用，那就应该对所有人一视同仁才对。这种不公平的制度就不是一种“良法”。

苏轼说：“为国不患于无人，有人而不用之为患。”即不必担心国家没有人才，有才而不用才是更值得忧虑的事情。使用人才比引进人才更为重要，人才不是花瓶摆设，只有知人善任，物尽其用，才能凝心聚力，让所有人更有干劲，积极贡献聪明才智。而目前看来，银行似乎更热衷于引进人才，对于人才的使用却乏善可陈。银行员工更倾心的工作包括金融投资、财务管理、法律事务等，这些才是更有用的知识，更能提升自身价值，不至于遗忘大学专业。网点只是搞普通的对外服务，跟真正的金融业务并无关联，一天工作不会少于 10 个小时，非常疲惫，但都是机械重复的工作，动手多，动脑少，得不到较高的价值。如果在网点一干就是四五年甚至七八年，大学专业早已忘得一干二净，即使日后有机会从事对口工作，但经过若干年的空当期，再将专业重新拾起绝非易事。看着同龄人一个个在金融界崭露头角直至成为大鳄般的人物，自己也只能是望洋兴叹、追悔莫及了。我想，这是任何一个有理想的名校硕士都无法接受的。

因此，银行应当适应市场需求，努力让员工学习到有用的知识，并且要不拘一格选人用人，做到物尽其用、人尽其才，不要采用固化死板的一套模式作为选拔人才的手段，金子放对了位置才更容易发光。正如习近平总书记所说，人才挖掘利用，前提是增强人才意识，目标是聚焦人才强国，要“寻觅人才求贤若渴，发现人才如获至宝，举荐人才不拘一格，使用人才各尽其能”。

4. 加强对员工的日常关爱，更好地满足员工的情感归属及尊重需求

员工是一个单位最重要的资源，没有了优秀的人才，便没有了一切。一个企业对待员工的态度，直接决定了它的发展前景。

著名社会学家马斯洛提出的五级需求层次理论，由低到高依次为：生理需求，安全需求，情感和归属的需求，尊重的需求，自我实现的需求。然而，对于基层网点员工而言，这五项需求几乎一项都得不到满足。银行员工基数大，有技术含量的好岗位相对较少，多数员工都在网点工作，上升渠道并不顺畅，银行员工要想获得自我实现的需求并非一件简单的事，所以，银行必须在情感、归属需求和尊重需求的层次上为员工花大力气，此消就要

彼长，绝不可全废。否则，工作的意义又体现在哪里呢？

在 2015 年 3 月的两会上，建设银行行长张建国说银行是弱势群体。此言一出，总理笑了，央行行长笑了，在场嘉宾笑了，全国人民都笑了。大家觉得银行是经济的血液命脉，财大气粗，怎么看都不像弱势群体啊？可是，银行基层员工一定是笑不出来的，因为他们正是弱势群体。面对着一些喜欢挑剔的客户，他们是敢怒而不敢言，对于客户不合理的要求也常常是委曲求全，生怕遭到投诉。而且，银行对待自己员工的态度实在堪忧，只要发生了一点点小事，员工之间总是互相指责挤兑："你不能快点吃饭啊，吃完赶紧回来办业务""去厕所快点回来啊，后面还有客户在等着"。柜员在举手招迎、递接单据、客户姓名的称呼、迎送用语的使用等方面稍有不慎，便会招致通报批评、奖金扣罚。柜员每天要经手许多业务，长时间久坐不动，还要时刻绷紧神经弦，提防自己是否触碰了服务礼仪的高压线，遭受着精神与身体上的双重压力，丝毫感觉不到来自企业的关心。这跟饭店服务员有什么区别？难道入职银行是为了当服务员吗？而且，绝大部分饭店对服务员的礼仪要求恐怕也没有银行这么高吧。如此一来，员工的幸福感又从何而寻呢？许多员工无奈地说："在银行，连起码的尊严都得不到。"

银行要严守合规底线，违规事件一定要杜绝，比如对 ATM 自动取款机进行清机加钞，必须双人同时操作，以互相监督，防止资金被盗窃的风险，若是单人进行，便是违规行为；柜员收到客户的假币，则应当予以没收，若将假币递出窗口，亦是违规行为。这些违规行为都应受到批评甚至处罚。然而，银行应当学会抓大放小，该管的要管住，不能松懈，而可以适当放开的，就不要过于死板。多数客户是通情达理的人，他们的目的是自己的需求能够得到快速有效的实现，而很少会计较柜员是否双手递接、服务用语是否规范、是否在办理业务中饮水、柜面是否摆放私人物品等微小细节。客户都没在乎，银行为什么要那么在乎？为什么非要"皇帝不急太监急"？因此，银行不能采取一种近乎苛刻的方式来管理员工，不分青红皂白地眉毛胡子一把抓，绝非现代管理之道。"担当社会责任，做最好的银行"，然而，担当责任只是针对国家社会？只是针对客户？对自己的员工好，难道不是一种重要的社会责任吗？员工是企业最重要的资源和财富，是企业不断发展壮大的根基，一个罔顾自己员工基本利益的单位，自然不可能得到拥护，不可能走得长远，外界也绝不会对这类单位产生任何亲近感。要采取宽严相济的管理方法，既要对客户好，也要对自己员工好，应当在服务客户与关爱员工之间找到一个恰到好处的平衡点。

因此，银行要制定好一套关爱员工的"良法制度"。关心员工的方式多种多样，可以体现在任何一个细节当中。比如若是在没有客户的时候，允许员工看自己想看的书，为员工在工位旁备好可口的茶饮，或是在座椅上安装按摩器具，对于缓解颈椎腰椎问题有所帮助——当客户看到银行员工被如此温柔地对待，定会肃然起敬，好感倍增。现今，智能柜台的投入使用，大大提升了工作效率，减少了客户的等待时间。因此银行可以考虑缩短营业时长，改下午 5 点关门为 4 点关门是完全可行的。或者，可以使人工柜台于下午 4 点钟停止办理业务，而智能柜台仍然办公至下午 5 点，这样既满足了客户的需求，又兼顾了员工的利益。既然采用了高科技的设备，效率得到了提升，则营业时间可予以缩短，让员工早些下班回家，拥有更多的时间陪伴家人朋友，只有这样，才能更好地让员工体验到幸福感，实现情感归属及尊重的需求。不必觉得这会给客户带来不便，其实这对客户影响并不大，客户自然会以此调整自己前来银行办理业务的时间。

（三）小结

银行员工推诿客户的行为，虽然并非十分常见，显得有些微不足道，但这是银行业的毒瘤，其背后有许多不容忽视的大问题。曾经的银行是只进不出、旱涝保收的铁饭碗，在银行工作是身份的象征，无数人争先恐后加入其中，以此为傲。然而，最新的一份调查报告显示：许多“95 后”找工作并不十分关心工资福利，而是更关心“有无足够的休息日”“有无健身房”“有无咖啡馆、茶歇室”之类的问题。这已充分反映出新时代的新特征。新一代年轻人的经济条件更好，个性更强，更有自己特立独行的思想，更加注重自我价值的实现，而非是仅仅追求稳定。有人戏称，基层银行网点员工可以分为四类人：第一类是正在办理离职手续的；第二类是正在投简历寻找下家的；第三类是对现状不满、不甘平庸但无法改变，只能硬着头皮继续干的；第四类是佛系派，安于现状无欲无求的。

现如今，各大新兴行业如火如荼地发展壮大，信息化、大数据、区块链、互联网金融等新兴时代产物对银行的统治地位形成了巨大冲击，在这个飞速发展、更新换代持续加快的年代，进步慢了就是退步。时代变了，思路也要变，旧的发展模式难以适应新的社会环境。现今银行离职率一直居高不下，好多员工即使没有离职，但心已经不在这里了。面对如此严重的人才流失危机，银行应当深刻反思，进行大刀阔斧的改变。只靠招聘新员工来弥补老员工离职的缺口，绝不是长久之计，只能是陷入“招聘－离职－再招聘－再离职”的恶性循环。如果还是拘泥于旧形式，坚持老思路，此类问题会愈演愈烈。

“我愿君王心，化作光明烛。不照绮罗筵，只照逃亡屋。”唐代诗人聂夷中笔下这首著名的《咏田家》，对于当朝统治者的谆谆劝诫，震撼了无数的人。同样地，银行这座屹立不倒的金融大厦，是由最广大基层组织作为地基支撑起来的，地基不稳，光鲜亮丽的高处风景也是无源之水、无本之木。仔细想想，银行对基层员工的关心太少了，银行的基层俨然成为了一个逃亡屋。“知屋漏者在宇下，知政失者在草野”，国有商业银行不应当过于侧重“投身一带一路建设”“建立海外分支机构”“助推人民币国际化”“与某某企业进行战略合作”“发行金融债券”等高大上的层次，同样要时刻关注基层动态，关心广大基层员工，多进行调研走访，听取各方声音，站在他人的角度思考问题，采取实际措施，多管齐下，更接地气，制定一套行之有效的良法来提升员工的满意度、获得感、归属感，才能取得更长远的善治。他山之石可以攻玉，可以向其他企业取经，借鉴别人的经验为我所用。

如果其他单位的规章制度得到贯彻落实并取得良好的效果，我们应当见贤思齐，向其靠拢，并非要完全照搬照抄，但应当认真学习领悟其中的精神内涵，为自身建设服务。如此，员工才能把单位当作自己温馨的家，更有憧憬，更有盼头，工作热情度才能持续不灭，效率才能得到提升，做到全员参与、毫不懈怠，才能更好地为经济社会做出更多更大的贡献。

企业经营应当是一个不断革新的过程。旧的发展模式难以适应新的时代要求。因此与时俱进是关键，要及时进行思维转变。

第五章
良法善治与大学教育

教育工作中有 1% 的废品，就会使国家遭受严重的损失。

——马卡连柯

教育的艺术是使学生喜欢你教的东西。

——卢梭

一、课程设置的“良法善治”

学习知识是为了应用，也就是所谓的“学以致用”。将在学校学习到的东西运用到现实生活之中，并努力解决一些问题，这才是关键所在。但是，我们看到，实际有时恰恰相反。一些知识属于“无用”的范畴，根本没有什么用武之地。如果学习是为了随着时间的流逝而渐渐遗忘，让它们慢慢淹没在脑海中，甚至起到“拉仇恨”的效果，就实在太得不偿失。不仅如此，如今的知识被一些人当作炫耀的资本，在日常的对话交流中，也融入了一种自大自负的韵味。

在我还是大一新生（笔者本科在辽宁上学）时，学校突然心血来潮，决定让经济管理类专业的学生学习一门“高大上”的课程——工程图学。学校可能是受“艺多不压身”的影响，努力让学生成为多学科、全方位发展的人才。我专门去百度查了一下这门学科的定义：工程图学就是一门以图形为研究对象，用图形来表达设计思维的学科。图形本是具象的事物，在老师上课的过程中，我们努力让大脑处于具象和抽象的转换之中，可没想到，这才是开启了一场共同的噩梦之旅。尤其对于一些文科出身的女孩，谈及时装图头头是道，看到机械制图立即大脑短路，加之工科方面的基础是一片空白，所以，这样的课程让人感到刀砍斧劈般的煎熬。美其名曰是丰富学识修养，进而完善自身的知识结构；实则是完全忽略了我们的兴趣，完全不考虑日后的长远发展意义。毫无疑问，我们被压制于一个所谓“知识”的牢笼里，动弹不得，更无法挣脱。

庆幸的是，学校也是懂得“见好就收”，能够聆听心声，从善如流，再加上来自各方的谴责，最终，工程图学在课程表中被彻底抹去，学校的这个决定，赢得了我们的交口称赞，学校也正因认识到工程图学的开设的确是一个“恶法”，所以才下决心纠正错误。虽然作为白老鼠的我们而言，留下了不可磨灭的痛苦回忆，但至少学弟学妹终于拨开云雾见了阳光，不必再重走学长们哀号不已的“血泪之路”，步入了一片坦途。这个决定意味着学校对学生意见的尊重，更意味着学生需要的是有用的东西，而不是知识的随意罗列叠加。一直以来，学校以培养人才为目标，可好多学校对人才的定义还没有完全理解透彻。“千金何足惜，一士固难求”，从古至今，没有哪一个朝代不重视人才，没有哪一个有作为的帝王不珍惜人才。社会所需要的不是只知死读书的头脑僵化之人，而是能举一反三、融会贯通，并且在生活中有所运用的人才。对于知识的汲取，不是毫无原则地随意接收，而是要仔细甄选，哪些是可取的，哪些是完全可以忽略的。也许，学校通过此次事件能够更进一步了解人之所需，明白人才的真正内涵。

包括理、工、农、医、文、史、法、哲在内的学科门类众多，知识繁杂，构建一个完整的知识体系谈何容易。这些学科分属于不同的类别，理、工、农、医属于理科范畴，它注重人的逻辑思维与理解能力，而文、史、法、哲属文科门类，也同样强调丰富的想象力与怀疑精神，具备一种能力已是难事，能将想象力与理解力相结合，更是难上加难。学生时代是学习的最佳时期，当他们步入社会，伴随着生活与工作的压力，很难再抽出时间去继续汲取知识营养，但是一些学校对人才的评价标准却成为人才发展的阻碍，它恨不得你通天文、识地利、知奇门、晓阴阳、谙阵图、明兵势，可我们应当知道：一味地追求全面发展只会导致精力分散，逐渐走向平庸。不仅各业的全才不可能存在，就连自己的专业领域，还存在许许多多空白，即便爱因斯坦，也不是无所不能的全才。因此，人才不等于全才。

“寻章摘句老雕虫，晓月当帘挂玉弓。不见年年辽海上，文章何处哭秋风。”一弯残月悬挂窗前，埋头苦吟的形单影只只能在萧瑟的秋风中浑身发抖。这样的李贺是何等落寞，他表达了读书人对于国家建设的苍白无力，哀叹生不逢时，文不能安邦，武不能服众，对“国家不幸诗家幸”一而再地出现只能捶胸顿足。李贺是一个拥有满腔抱负并期待自己所学有用武之地的人，他早已明白知识与才华都需要有施展拳脚之地才可，因此立志于“男儿何不带吴钩，收取关山五十州”，像一匹“何当金络脑，快走踏清秋”的骏马为国建功。同样，以黄宗羲为代表的明清思想家提倡经世致用，反对假大空的理论充斥在夸夸其谈的课堂上和书本里。所谓的经世致用，就是指研究学问要和实际相结合，活学活用，切勿空谈。可是面对如此并不复杂的道理，当今许多人却表现出一脸茫然。大学课程的不合理设置，已经成为卓越人才培养的一个桎梏，这就是不能学以致用的表现。超过 50% 以上的用人单位认为大学课程设置存在较大问题，已成为制约大学生就业的主要因素。各个门类的学科一股脑涌过来，只能浅尝辄止，走马观花浏览一番，然后蜻蜓点水式放进脑海中，当真正需要运用的时候，却是捉襟见肘、左支右绌，剩下的只有“少壮不努力，老大徒伤悲”式的无尽怨叹。

学如弓弩，才如箭镞；万般皆下品，唯有读书高。读书贯穿了人一生的全过程，堪称是上之上品，古往今来，劝人读书的文章典故浩如烟海。三国时孙权劝吕蒙平时应当多读书，吕蒙推辞说军务繁忙没时间，孙权说：“难道你比我还忙吗？我还要随时抽出时间读书哩。”吕蒙由此大受震撼，于是奋发图强，才学迅速增长，成为文武双全的将才，摆脱了“吴下阿蒙”的阴影笼罩，让人刮目相看；钱钟书在清华横扫图书馆，馆中几乎没有他未品读过的书。这些生动的例子都在向我们说明，读书如同一日三餐，是生活中必不可少的事项。但是，黄景仁的“十有九人堪白眼，百无一用是书生”则从另外一个角度对读书提出了质疑，一百件事情里连一件事都做不好的人，就是书生了。他对于书生这一身份的极大讽刺与贬损，也抒发出诗人正处于无力伸展志向的现实困境之中。可怕的是，有些人常常自以为是，想当然地认为自己是学富五车的大儒。何为“上品”，何为“百无一用”？这值得我们每一个人尤其是学校深思良久。当然，“上品”和“百无一用”的界限并不明显，甚至很模糊，极易混淆，只有真正把这个问题研究透彻，大学才能成为真正的造就人才之地。

高数一定是大学里面被骂最多的一门学科，没有之一，对于很多学生，它就是一个不折不扣的噩梦。美国芝加哥大学心理学系伊恩·莱昂斯博士曾经说过：“全世界大约每五个人就有一个数学恐惧症患者，这种对数学的焦虑就像表白遭拒一样刺激大脑的后脑岛，引发生理性疼痛。”学习高数比失恋更为痛苦。一向才学渊博、文笔犀利的著名作家韩寒也说过：“对我而言，数学学到初一就够了。”对我来说，我不敢断言数学学到初一就够，但不论如何学到高三就完全能够应付来自生活各方面的需求。更何况，高数跟现实严重脱节，除了那种有点天分的人能上手外，多半人是云里雾里，什么函数极限，什么微积分，什么线性代数，这些对于普通学生来说简直是一些可有可无、却让人足以抓狂的概念。

数学专业的学生钻研高数无可非议，但是对于法学、中文等专业，学了有什么用，我实在是想不出来。难道法官要用线性函数来计算给犯人判几年徒刑？难道记者要精确地统计一下某件事情发生的概率才能判断其新闻价值？何必强求所有人修满高数学分才能毕业呢？让感兴趣的人去选修就可以了啊。钱钟书考清华的时候数学才15分，可是仍然成为一名文学大儒。[①] 如果说高数还有点作用，那便是摧残了精神、耗费了时间、压抑了心情，严重损害了学生与学校之间的感情。有不少人说：高数可以锻炼人的逻辑思维。我认为这是扯淡。凭什么说高数就能锻炼逻辑思维，而别的知识就不行？狄仁杰、包拯的数学水平几乎为零，却能凭借细致的观察和缜密的思考，屡破奇案，这又说明了什么呢？

还有人说，今后的路很长很长，你怎么知道用不上高数？可我怎么会不知道？一个成年人，连自己今后想做什么、能做什么都不清楚，真是莫大的悲哀。当然高数也不是一丁点儿用都没有，但微乎其微，有太多比高数价值更为高昂的东西等待去探索，我们需要集中有限的精力办大事，万不能“丢了西瓜去捡芝麻”。高数最多在工作上会偶尔用上一些，日常生活中却是冬扇夏炉、尘垢秕糠，有这精力还不如多学习一些自己感兴趣的东西。我从接触高数的第一天起，就断定今后的工作生活压根与其无关，它不会带给我任何正能量，无法赐予我日后就业的铁饭碗，不会给我的人生增添哪怕一点点的乐趣，更不能与我健全人格的塑造产生一丝一毫的关系　　现已全部应验。我们能够用到的，是凭借兴趣认真学习的知识，因为在一个人兴趣的背后往往隐藏着他最优异的潜能，而不是在别人指挥下进行填鸭式的灌输。高数这道“大餐”应当留给数学爱好者和梦想在理工科取得成就的人来享用，仅此而已。

①覃彪喜. 读大学，究竟读什么［M］. 广州：南方日报出版社，2012：139

中学是打基础的阶段，强调“分、分、分，学生的命根儿”也就罢了，可大学离素质教育也是渐行渐远。我们总是抨击过去八股取士扼杀思想、埋没人才，可反观目前，又能好到哪去呢？学生作为学校一分子，自然要尊重学校的决定，遵守学校的教学和管理制度，认真完成学业，这是学生们的义务。但是，学校作为管理一方，是否更应恪尽职守，本着高度负责的态度，以“良法”来作为管理的工具呢？答案不言自明。学生与学校之间也形成了一个契约，类似于民法上常说的“格式条款”，①我国《合同法》第 40 条规定：提供格式条款的一方免除其责任、加重对方责任，排除对方主要权利的格式条款无效。学校的一些“恶法”正是加重了学生不必要的“责任”，排除了他们学习真正知识的权利，只可惜现在还难以将其归为无效之列。

李克强总理严厉批评社会上一些不作为和乱作为的现象：“一些该管的没有管到位，但对一些不该管的事，手却伸得特别长。”我想总理这个批评同样适用于我国高等院校，许多学校同样也是擅长不作为和乱作为：无用的东西让我们埋头苦读，真正关系到切身利益的知识，却视而不见。这种不作为和乱作为只会让学生

①格式条款，是指当事人为了重复使用而预先拟定，并在订立合同时未与对方协商的条款，手续简单，方便快捷。但由于它是由一方制定（制定方大多为企业、公司或一些具有公共管理性质的组织），具有单方性，并未与相对方进行协商，制定者往往会侧重维护自己利益，容易导致相对方利益受损。因此我国《合同法》对格式条款进行了必要的规制，保护弱势一方的合法权益，以此保证效率和公平的兼顾。

越来越产生厌烦心理，严重阻碍成长进步。当学生们对学校课程设置表示强烈不满时，一些人却拿“艺多不压身”来作为光明正大的辩护。但我认为“艺多”绝不是单纯广泛的涉猎，胡乱拿起一个就往嘴里塞，我认为学生应当获得的知识不仅仅包括专业知识，还应当包括生活常识，其中，最重要的常识之一就是自救知识：一旦面临歹徒抢劫该如何临危不乱、沉着应对，地震突然来袭该如何迅速逃生，汽车落水时应当如何奋力游上水面，遭遇大火围困时如何第一时间逃离现场。这些常识可以在关键时刻挽救自己的生命，甚至帮助他人重获新生，胜造七级浮屠，难道不值得所有人学习吗?

现实经常发生的一些令人惋惜的事件就是很好的警示，最后，我们只能表示无奈和遗憾。2014 年 12 月 31 日晚，上海外滩陈毅广场发生了震惊世界的踩踏事故，死亡人数高达 36 人，大多是 20 岁左右的年轻人，最小者年仅 12 岁，最大的也只有 30 多岁。这些美丽的花朵，生命之手还未触摸到新年的曙光，就过早地凋零，永远定格在 2014 年。也许，那时候的他们根本不知道接下来会发生什么，来不及做出任何反应，就被死神的魔爪牢牢抓住，无力挣脱。这样的人祸让我们在震惊之余，感到无比心碎。

痛定思痛，我们可以在责备政府部门管理不力、安保力量不足、交通管制不力等问题的同时，应无比惋惜遇难者们缺乏最基本的自救能力。但学校恐怕也是难辞其咎的，那些遇难者中，不乏来自复旦、华中师范、华东政法等重点大学的高才生。一直以来，学校总是被冠以“求知圣殿”之美誉，于是，绝大多数学生自认为在象牙之塔中就可以高枕无忧了，却未意识到一些潜在的危险正一步步向这些弱势群体逼近。绝大多数学校从来没有系统地传授过求生自救知识，宣传和普及力度远远不够，相反，老师们常常把“必须好好学高数啊，高数很难的，要不然考试过不了，等着重修你就闹心去吧，毕不了业你就麻烦大了”这句话挂在嘴边，实在有些本末颠倒。一旦突发紧急情况，孩子们便不知所措，成为待宰的羔羊。孩子们往往成为灾难的最大牺牲品，原因很多很多，除了自身年龄和身体所限，最大的原因就是他们的无知与大意。都说机会往往是留给有准备的人的，相反，死神也是专爱光顾麻痹大意、毫无防备之心的人的。

不论在学校的哪个阶段，都应当不断地向孩子们传授这些安全自救的基本理念与技能，只有在脑海中真正形成长久而深刻的记忆，才能在灾难来临时做出最迅速的决断。危险的发生往往就是一瞬间的事情，它容不得你去多想，一秒钟就可能是生与死的界限。传授自救知识这个任务并不难，甚至很简单，一切事在人为。学校、老师甚至是学生都可以肩负起这个神圣的任务，每个学期进行一两次地震、火灾疏散演练，远远比窝在教室听着那百无聊赖的高数课要实在得多，而且好处多得多。我们有理由相信，这必然能给略显单调的大学生活增添无穷的乐趣。知识是具有色彩的，单调、灰暗的学科体系根本无法引起学生注意，不经意地加入一些生命力，会起到意想不到的效果。

三年紧张的高中生活，我们拼尽全力终于考上理想大学，目的是什么？我们不一定都要有周总理“为中华崛起而读书”这样的鸿鹄之志，但也绝非为了体验牢笼式的生活，而是为了获得知识，并且是真正的知识。如今，我们学习的多类课程只是虚无缥缈的空中楼阁，画个漂亮的大饼来供人充饥，这何谈艺多不压身？

一位哲学家搭乘一个渔夫的小船过河。行船之际，这位哲学家向渔夫问道："你会做数学题吗？"渔夫回答："不懂。"哲学家又问："你懂得物理吗？"渔夫回答："不懂。"哲学家再问："你进行化学实验吗？"渔夫还是："不懂。"哲学家叹道："真遗憾！这样你就等于失去了一半的生命。"突然，一阵狂风袭来，小船被掀翻了。渔夫和哲学家都掉进了水里。渔夫向哲学家喊道："先生，您会游泳吗？"哲学家大声呼救："帮我，我不会，你快救我，我要淹死啦！"渔夫说："很遗憾，那您就要失去整个生命了！"

在生死面前，不分贵贱。

在现实生活中，我们欣喜地看到，一些人、一些学校时刻关注学生安全，身体力行，毫不松懈。被誉为史上"最牛校长"的叶志平，生前任四川省绵阳市安县桑枣镇桑枣中学校长，一直践行着"安全高于一切，责任重于泰山"的理念，一直把学生的平安放在心中最重要的位置。他一直强调"无论是校长还是老师，保护学生的生命永远是最重要的。这是最高的职责，也是最基本的要求"。因此，叶志平每时每刻都在恪守这份职责。他不断地加固教学楼，并经常组织学生进行紧急防灾疏散演练。同时，每周的安全教育课更是必不可少。起初，这些行为得不到广大家长的理解与支持，认为这些与考大学无关，指责他不务正业。而当汶川地震发生时，仅用 1 分 36 秒，桑枣中学 2000 多名师生便全部撤出，无一伤亡。叶志平创造了奇迹，用教育的“良法”证明了自己。沧海横流方显英雄本色，1 分 36 秒，这是他人生中最决绝的一次绽放。

到底谁才是不务正业？这里需要打一个问号。

不禁联想到十多年前造成二十多万人死亡的印度洋特大海啸。2004 年 12 月 26 日，海潮突然急速退去——太壮观的场景了，真的一辈子都没见过，大量人潮欢呼雀跃地往深海处狂奔。他们无论如何也不知道这一点：如果海浪飞速下退，那么它接下来上涨的速度会和退下去的速度一样快。于是，21 世纪以来最惨烈的灾难来临了，数以万计的人顷刻间全被海浪吞没，无影无踪……

海啸来临时，一个名叫缇丽的小姑娘正和父母在泰国普吉岛海滩享受假期。就在海啸到来前的几分钟，缇丽的脸上突然露出惊恐之色。她跑过去对母亲说：“妈妈，我们现在必须离开沙滩，海啸很可能会扑过来！”她说她看见海面上起了很多的泡泡，然后浪就突然打了过来，这正是地理老师曾在课堂上讲授过的场景。起初大家都不太相信，但缇丽大声疾呼一再要求大家立即离开。而后，海啸瞬间来袭，人们大惊失色，纷纷亲吻感恩他们的救命恩人缇丽。这个海滩是普吉岛沿岸唯一没有人员伤亡的地方。

这个叫缇丽的小姑娘，挽救了众多游客的生命，被誉为“海滩天使”，得到了全世界的尊敬。而如果没有那位尽心尽责的地理老师和机智勇敢的缇丽，这些人恐怕都将死无葬身之地了。现在看得出什么才可称为艺多不压身了吗？掌握一些关键的本领，就能够在意外来临之际，拯救自己、帮助他人。

由此可见，老师在学校生活中担任着多么重要的角色。“师者，传道授业解惑也”。这个“惑”不仅仅是学习知识，也有各种生活基本常识与技能。如果老师科尔尼没有将海啸发生的征兆告诉学生，缇丽也不可能接收到这个信息，进而拯救了一百多名游客。有人说，教师应该善于挖掘孩子的潜能，培养他们包括学习能力在内的多方面能力，这种能力并不是仅仅通过课堂讲解就可以获得的，而是需要在校园生活中，通过各种方式潜移默化地影响学生。因此，尽管学校设置一些无用的课程，老师们也应该突破自己职能范围的局限，在课堂之余传授一些真正的知识，这是老师应尽的责任。

二、课堂教学的“良法善治”

当然，这里还不得不吐槽一下我们的课堂教学状况。学生们除了对校园、宿舍、教室环境、食堂、体育场、图书馆、网络这些硬件设施颇为关心之外，还有软件条件，就是课程设置与教师授业，这便涉及“讲什么”和“怎么讲”这两大中心问题。不论是校园课堂讲学还是课后额外时间的各种琴棋书画培训班，好的课程加好的老师，此二者是教学的两翼，双剑合璧，方可出奇制胜，是提高广大学生专业素质水平最为关键的两个基本点。

2018 年，教育部印发了《新时代高校教师职业行为十项准则》，第四条规定：落实立德树人根本任务，遵循教育规律和学生成长规律，因材施教，教学相长；不得违反教学纪律，敷衍教学，或擅自从事影响教育教学本职工作的兼职兼薪行为。这便规定了教师应当努力做一个合格的园丁，以浇灌出鲜艳绚丽的花朵。师者，所以传道授业解惑也。老师的职责就是为学生毫无保留地传授知识，尽可能让学生掌握最多的职业技能，以便在日后步入职场之时，才能有足够的知识储备，具备足够的竞争力。因此，教师要好好授课，这不仅是教育部门的明文规定，也是为人师表的基本道德准则。

譬如我的初、高中老师，他们的学历普遍并不高，大多毕业于一些名不见经传的普通本科、师范类院校。但是，他们凭着为学生高度负责的态度，认认真真做好课前准备，尽全力上好每一堂课，尽一切可能让我们掌握到最多的知识，做好充足准备迎战中考高考。这些辛勤的老师们给了我们很大动力，与我们并肩作战。成绩进步，他们高兴；成绩退步，他们焦虑，没有哪个老师不是尽心尽力的。中学六年，学生们一直在承受着中考、高考的巨大压力，中学老师肩挑的担子更重、更多，他们的使命感强于大学教师，因为他们明白，中考、高考是学生们多年来学习成果的总结，更是人生的重要转折点，从入学的第一天起，就面临着千军万马挤独木桥的荆棘之路，此时，所有的学生处在十字路的交叉口，一分之差就可以决定命运的翻转，这如泰山压顶般的压力使中学老师们根本不敢松懈、不敢动摇。正是在他们的帮助之下，我们在反复的训练和不断的总结中，错误率在下降，知识漏洞被一个接一个地攻破。正是因为这些老师的默默辛勤付出，我才会对他们的印象如此深刻。

对大学来说，硕士毕业只能去三本或专科院校从业，而名校招聘老师，都有很高的要求，必须是博士毕业，且本科、硕士阶段皆就读于双一流院校，如有海外留学经历则更佳。设置重重关卡、层层阻碍，就是要让理想的教师“入吾彀中”，如无合适人选，便放弃招聘，乃实实在在的宁缺毋滥。而许多所谓的副教授、教授们，动辄是某个名校的博士，似乎都是各自领域的佼佼者。但是，我们必须看到光环背后的东西，那就是高学历未必等同于高素质。许多大学老师的责任心简直是大大减退，对他们来说，教学的目的大都只有两个：一是学生能通过期末考试，反正挂科的也只是少数，即使是补考甚至重修也都无所谓；二是能够稳稳当当让学生毕业走人，宁可不担事只要不犯错。至于弟子究竟能学到多少专业知识，能增长多少职业技能，就不在他们的考虑范围之内了。只要是考试、毕业不出什么大乱子，还管它那么多做什么！所以，许多人根本没把心思放在备课授课、教书育人上，把上课当作一种应付。“一日为师，终身为父”这句古语有其糟粕的一面，应当改为“日日为良师，终身为父”，因为绝不是所有老师都是值得尊敬的。只有良法才能得到普遍遵从，也只有良师才能得到普遍认可和推崇。

可以说，目前大学教师的教学状况非常不令人乐观，许多大学老师的唯一本事便是误人子弟，大学里不规范的教学行为包括但不限于以下情形：

1. 让学生代替自己来讲课。美其名曰是给学生们锻炼的机会，但实际上是给自己找了一个偷懒的借口而已。现在很多大学教师在外做兼职甚至全职，自己便没有时间提前做好授课准备，于是就让学生代替自己来讲课，自己优哉优哉旁边一坐，当个监工的甩手掌柜，还能正常领工资。可见教师这样的行为很不负责，没有落实立德树人的根本任务，公然违反教学纪律。如此一来，学生专业知识就难以学的扎实。

2. 照本宣科，只知道念课文、念 PPT。很多教师仅将教学当成一种形式，只为了完成任务，只要自己出勤，站到讲台上把课本内容念出来就可以了，以为这样就是完成教学任务了，没有对教学方式进行创新，也不管学生是否真正学到东西，存在很大的敷衍性。人在讲台上，心却没在讲台上，躯壳与内心是分离的。这样，会让学生感到枯燥乏味，失去学习的兴趣。

3. 说话吐字不流畅，吞吞吐吐。这显然没有事先好好备课，对要讲授的知识点了解得不够透彻，平时也不重视提升语言表达能力，没有把口才练好。检验老师授课质量的重要标准之一，便是他授课的流畅性，一个优秀的教师应当是口齿伶俐，滔滔不绝，如跳动的音符般行云流水，幽雅清扬，让学生在教师的语言表达中感受到知识的魅力。说话吞吞吐吐会大大降低教学质量和课堂体验。听这样的老师上课还不如去农村种地。

4. 经常扯一些跟课堂无关的内容。有的老师不按大纲授课，甚至讲个人经历就讲一节课，这些个人经历跟课堂内容不搭边，占用课堂时间大谈个人经历，吸引了学生关注自己的私生活，但却没有让学生学到东西，白白浪费宝贵的学习时间。虽然教师有授课的自主权，不可能要求每个老师的授课方式相同，但教学有基本的纪律，不能不负责任地进行胡诌。在课堂上可以举一些生活中的事例，但这些事例要与教学内容大体相关，才能起到良好效果。

5. 经常以忙碌为由旷课。这尤其在许多领导的身上体现得淋漓尽致，一些老师兼任学院院长、副院长等领导职务，经常开会、出访、接待客人，忙碌不停，一个学期下来，与学生都见不到几次面。不能去上课的时候就让学生自习，或者利用几节课匆匆将一个学期的教学内容随便讲完便万事大吉。实在不知道在这样的老师身上能学到什么东西。

学界著名的“钱学森之问”，即为什么中国的大学总是难以培养出一流人才？我认为，一个重要的原因便是大学教师的问题过于严重。得过且过、糊弄教学，这种违规现象在诸多985、211重点高校中都并非罕见，而至于数量众多的非名校呢？则更是不敢想象。这既违反了教育部门的规定，也违背了教育者的职业道德和行为准则，因此这是一种违规行为，使得学生们的求知权利得不到较好保障。

难道大学老师的水平真的不如中学老师吗？当然不是。而是大学环境容易让人变得慵懒，中学紧张的氛围使得老师不得不逼着自己奋勇向前。所以，我们不能把这些教学问题全推到教师的身上，还要从更深层次的制度、规则层面挖掘，对于此类违规行为，我认为学校应当从以下四个方面加强“立法”工作，完善教学制度：

一是学校要主动加大监管和检查力度。

太多的学校对老师的授课质量完全没有监督检查机制，这种“宽松软”的环境放任了一些不负责任的老师敷衍教学。因此，学校必须负起责任，加强对教师的教学质量进行监测。比如实行公开课制度，邀请一些领导和其他老师前来旁听，通过学生及同事的评价进行综合考核，构建起全面的教学质量监测机制，监测结果用于对教师的教学质量进行评分。每半个学期进行一起监测评估，期末后进行一次全面的评估，对于教学质量不达标的老师，一定要及时提醒，促使其进行改变，如果没有进行改变，或者下一次评估仍旧不达标，就要采取强制性的问责措施，比如剥夺其教授资格等，以进行问责。只有建立起科学、严肃的问责机制，才能鞭策全体教师重视提升教学质量，注重教学的合规性。

二是要建立完善的投诉举报制度，保障学生的批评建议权。

针对这种现象，教育部门务必要负起责任，督促学校建立完善的投诉举报制度，并对投诉举报制度进行校园宣传，除了设置举报投诉信箱之外，还要设置投诉举报热线，为广大学生提供畅通的投诉渠道。对于投诉人要进行保密，只有保护好投诉人，才能鼓励学生对教师的敷衍教学进行举报，不用担心举报后会遭到报复。收到举报后，学校要及时进行调查取证，发现举报属实就要对教师进行问责，这才能起到威慑作用，同时对学生起到鼓励作用。当然，监督检查和投诉举报工作不能光由学校来进行，因为学校可能会对老师进行包庇，当地的教育行政部门也要负起责任，进行主动监管，受理投诉举报，以督促教育事业的发展。

三是要杜绝教师过大的自由裁量权。

许多老师最厉害的一招便是“你的平时成绩别想要了”或是“我就不让你参加考试了，即使你重修我也不让你过”。这样的口气带有一种满是威胁的意味，活脱脱一个号令天下莫敢不从的君主啊。学生的期末考试成绩是由任课老师给的，老师在这方面有很大的自主权。因此，面对一些老师的不规范教学行为，学生是敢怒而不敢言，担心得罪老师而导致平时成绩被大量扣减甚至挂科。教师权力过大，不利于教学管理，且容易产生腐败。因此对于教师的权力过大的问题，必须要采取一些措施进行平衡。我认为学生平时成绩不应由任课老师来进行给定，而是要把这个工作交给学院。课堂出勤率可以由学院进行抽查，平时成绩也严格按照学院检查的标准来评，以此杜绝教师的自由裁量权。只有把权力关进制度的笼子里，切断这个利益链条，才能让学生放下心理包袱，在对老师进行“监督权”“批评建议权”时才不会畏首畏尾，以维护自己的基本求知权利。

四是要积极营造一个良好的学术氛围。

梅贻琦有句名言：校长是给教授搬凳子的。校长的职责是做好一个管理者的义务，是尊重教育、营造良好的环境。有些教师凭借着自己扎实的功底，学术成果斐然，被提拔到了领导职位。可是，他们既要处理繁忙的行政事务，经常主持会议、进行出访、接待外来宾客，还要给本科生讲学、指导硕士博士，甚至还在外做兼职，三手抓，三手都硬得起来吗？我想，最终的结局很可能是：既搞不好学院工作，又教不出优秀的学生，也做不好兼职，一心多用带来的可能是无所作为。许多老师的名片上印着：××院长副院长、教授、博士生导师、××高级合伙人，如今在这个为名所累的浮躁社会之下，有些东西看起来高大上，但内涵究竟几何，实在有些云里雾里了。想当初明朝的那位正德皇帝朱厚照，先是自封为“总督军务威武大将军”，接着又是什么“镇国公”，一个已经是皇帝的人了，还要那么多名头做什么用？我们只有两个字送他：荒唐。因此，我们必须要杜绝官本位的意识在大学中蔓延，让大学老师成为真正教书育人的园丁。

三、小结

林语堂在《苏东坡传》里曾这样评价苏轼：一个不可救药的乐天派，一个伟大的人道主义者，一个百姓的朋友，一个大文豪，大书法家……失意时，可以“拣尽寒枝不肯栖，寂寞沙洲冷”；困境时，可以“竹杖芒鞋轻胜马，一蓑烟雨任平生”；人生得意时，也可以筑一条苏堤，并创一代书风、文风、画风。“寄蜉蝣于天地，渺沧海之一粟。哀吾生之须臾，羡长江之无穷”，在无穷无尽的长江面前，不禁哀叹生命的短促，冥冥之中，已经走进了一个困境，难以脱身，心怀苦闷，沉重的压力之下，只能借助文学来表白自己的心，感慨世事的纷扰与虚无。

苏轼更是一个实干家。虽然屡次被贬，但不忘百姓疾苦，始终如一和人民大众保持血浓于水的亲情，绝不像许许多多的“才子”，整日只知摇头晃脑泡在“子曰诗云”当中，满口“之乎者也”，读死书、死读书。穷则独善其身，达则兼济天下，逆境中也怀有坦荡、旷达的生活信念，再苦的日子都能过得有滋有味，这种精神难道不值得我们学习吗？他为官清廉，不顾朝廷的压力造福百姓，革除弃婴陋习、劝农耕桑、开发煤田、抗洪抗旱，力主黎汉一家，积极投身良法善治，这些事迹都留在了人们心里，永远无法忘怀。

苏轼调任徐州。黄河在曹村附近决堤，在山东一带泛滥，汇聚在徐州城下，马上要灌进城里，人们争先出城避难。苏轼坚持奋战在抗洪抢险的最前线，他说：“如果富人都出了城，民心一定会动摇，谁和我一起守城呢？只要有我在，就绝不让徐州垮掉。”于是将富民们赶回城中。苏轼回到大营，把卒长叫出来说：“河水将要冲进城里，情势危急，你们虽然是禁军也要暂且为我尽力。”卒长说：“太守您尚且不逃避洪水，我们这些小人物应当为您效力。”于是带领众人出营，修筑东南方向的长堤，堤坝从戏马台起，末尾与城墙相连。雨日夜不停，没有受损的城墙只有三版。苏轼天天住在城上，即使路过家门也不入，派官吏们分别在城墙各处守卫，最终保全了徐州城。（出自《苏轼徙知徐州》：徙知徐州。河决曹村，泛于梁山泊，溢于南清河，汇于城下，涨不时泄，城将败，富民争出避水。轼曰：“富民出，民皆动摇，吾谁与守？吾在是，水决不能败城。”驱使复入。轼诣武卫营，呼卒长，曰：“河将害城，事急矣，虽禁军且为我尽力。”卒长曰：“太守犹不避涂潦，吾侪小人，当效命。”率其徒持畚锸以出，筑东南长堤，首起戏马台，尾属于城。雨日夜不止，城不沉者三版。轼庐于其上，过家不入，使官吏分堵以守，卒全其城。）现在，徐州的一景——黄楼，正是苏轼所建，是徐州极具历史意义的名胜古迹，许多人来这里参观游览，表达对苏轼的无比崇敬之情。

苏轼还对一些“四体不勤、五谷不分”的人，进行了辛辣的讽刺。许多人只知其然却不知其所以然，根本不懂教育子女之道。

齐国有个富人，家里有很多钱，但是他的两个儿子非常笨，当父亲的又不教他。一天，艾子对这个富人说：“您的儿子虽然很好，但他们不通事务，他日后怎么能够持家呢？”富人大怒道：“我的儿子，聪明绝顶，怎么会不了解世间的各种事务呢？”艾子说：“不需要尝试别的，只要问你的儿子，米是从哪里来的，如果知道，我便承担造谣的罪名。”父亲就叫他的儿子来问他，儿子笑嘻嘻地说："我怎么会不知道呢？米是从布袋里取来的。"富人神情变得严肃，改变面容说："你这笨儿子，难道不知道米是从田中来的吗？"艾子说："不是他的父亲，不生他的儿子。"[①]（有这样的父亲，儿子怎么会不笨呢！）

纪伯伦在《论孩子》中提道：你们可以给他们爱，却不可以给他们以思想。因为他们有自己的思想。你们可以荫庇他们的身体，却不能荫蔽他们的灵魂，因为他们的灵魂，是住在明日的宅中，那是你们在梦中也不能想见的。不必祈求谁都会成为苏轼这样既有学识又极富实干精神的人物，也不必担心培养不出全方位发展的人才。"学校者，造就人才之地也，治天下之本也。"在学校获取知识的过程，本应是一段快乐的旅程，我们应当竭尽所能，让素质教育得到落实，让科学的课程设置制度成为每一位学生的"良法"，作为滋养祖国花朵的上佳补品，否则只会让花朵们戴着枷锁跳舞，背负重担前行，这是一件多么痛心的事情。教育始终是教师的使命，但愿越来越多的教师能够通过良好的教育来给予孩子们更加深刻的思想和灵魂。但是，我们也必须意识到，这不仅仅是教师的责任，家庭、学校、社会更应该形成一股合力，

①出自苏轼的文章《米从何来》：齐有富人，家累千金。其二子甚愚，其父又不教之。艾子（艾子是苏轼杜撰的人物）谓其父曰："君之子虽美，而不通世务，他日曷能克其家？"父怒曰："吾之子敏，而且恃多能，岂有不通世务者耶？"艾子曰："不须试之他，但问君之子所食者米从何来。若知之，吾当妄言之罪。"父遂呼其子而问之。其子嘻然笑曰："吾岂不知此也，每以布囊取来。"其父愀然改容曰："子之愚甚也，彼米不是田中来？"艾子曰："非其父不生其子。"

我们期待有意义的教育造福更多的人，期待他们在成人之后仍然保有最初的天性自由，期待未来的教育体制会有惊人的变革，探寻中国教育之路，任重而道远。

第六章
良法善治与社会和平稳定

非礼之礼，非义之义，大人弗为。

——孟子

心在人民，原无论大事小事；利归天下，何必争多得少得。

——胡耀邦

有些人因为贪婪，想得到更多的东西，却把现在所有的也失掉了。

——伊索寓言

自私与贪婪相结合，会孵出许多损害别人的毒蛇。

——艾青

一、无良法，天下乱

回看人类发展的文明史，是一部充满战争的发展史，从最初的远古猿人，到现代以东方和西方为代表的两种文明，在演进的过程中，战火的硝烟在历史的天空上弥漫，消失，再弥漫。

中国的历史比欧洲更为悠久，期间经历的战火是有过之而无不及，每一次改朝换代，都是一次巨大的灾难，伴随着大量的死亡与破坏。战争就是露出狰狞面孔的魔鬼，张牙舞爪地吞噬着一条条无辜的生命，在硝烟弥漫中，民间生灵涂炭，百姓流离失所，那些生活在底层的人民，承受着战争带来的劫难，有的背井离乡、有的妻离子散，有的四处逃亡。2015 年爆发的难民危机，使抵达欧洲的叙利亚难民数量创下历史纪录，历经磨难之后，他们早已记不起哪里是国，哪里是家，凄苦不堪，心里烙上了恐惧的阴影……无止境的战乱让人间变成地狱，生活在这种国度的人们，对美好家园的憧憬，是到达不了的梦，灵魂也失去了安放的故土。

战争的残酷令人发指，但不可否认的是，有时它是一种自然的发展规律，它带来的毁灭是结束也是开始。一个旧事物的衰亡，往往伴随着另一个新生事物的兴起，正如兴亡交替，有兴必有亡，没有亡哪有兴，先进的取代落后的，开化的取代愚昧的，文明的取代野蛮的，人类社会前进的道路虽有曲折，但终究会向前发展，发展的规律是新事物的产生和旧事物的灭亡。旧的事物虽然落后腐朽，却不会无故凭空消失，不会即刻退出历史的舞台，当旧的事物阻挡新生事物发展时，生机勃勃的新生事物会逐渐把它取代，其过程有的时间长，有的时间短，有的激烈，有的平缓。纵观世界的发展史，绝大多数事物都是按这个规律繁衍生息的，而战争就是新生事物与旧事物交替取代时会发生的进攻与反抗现象。战争也是时代发展的助推器之一，在和平方式不能解决问题的时候，便只能用武力铲除旧体制和恶势力。清末，中国在内忧外患之下，被迫进行了一系列军事、经济、政治、法制层面上的变革，如开展大刀阔斧的洋务运动，派遣留学生，废除科举制，并着手清末修律，开始了立宪准备。尽管“播下的是龙种，收获的是跳蚤”，但至少在资本主义浪潮中迈出了意义深刻的第一步。通过这一系列的改革给当年摇摇欲坠的大清注入一针强心剂，甚至出现了一段“晚清中兴”。这些景象代表了新生命的诞生，它们在萌动中酝酿了推翻旧社会的力量，这个时候封建体制已无法阻挡新时代的到来。

捣毁旧体制，推动社会经济向前发展，这是人类文明发展的必然趋势。然而经济越发达，生活越富裕，战火所带来的破坏性也就越大，人类更是损失不起。在生产水平落后的时代，爆发的是短兵相接的搏杀；在科技发达的现代，进行的是大炮导弹的对决，烧毁一个人烟稀少的小村，和炸掉一座高楼林立、人口密集的大城所带来的损失是截然不同的。一座座高楼拔地盖起，不知付出了多少血汗，而一颗原子弹下来，百年兴建的城市将在瞬间回到原始社会，几代人的心血将付诸东流，被原子弹“亲吻”过的土地或将寸草不生，长时间失去繁衍的能力，很长时间都难以还原。有些战争会推动新事物发展，有些战争会毁掉文明的进程，世界很多文明会出现断层，跟战争有很大的关系。在四大文明古国中，中国的文化得到源远流长的最好传承，而其他的古文明大多随着战火消逝在历史的长河中。时代的车轮不曾停留，它依然高速向前碾动着，现在我们越来越感到社会的进步完全不需要战争来推动。邓小平说科学技术是第一生产力，科技的进步极大地改变了人们的生活，也改变了世界的面貌，回看世界近几十年科学技术的飞速发展，可谓一日千里。曾经名不见经传的小渔村，现已是幢幢高楼拔地而起，繁华自不必言；20 世纪末的大哥大只有通话的功能，现今发展到集通信、娱乐、理财、交通、生活为一体的智能手机，难道不是最好的证明吗？

70 年代的三大件，是手表、自行车、缝纫机。

80 年代的三大件，是冰箱、彩电、洗衣机。

90 年代的三大件，是空调、电脑、录像机。

现今的三大件应该是豪宅、宝马和智能手机。

现今的社会发展大多依靠科学技术，可是古代的科学不发达，生产力水平落后，加上统治者的观念陈腐，社会各阶级的矛盾重重，当一些群体被压迫、社会向前发展的脚步被束缚的时候，只能通过残暴的方式来解决问题。无论在过去还是在今天，战争所带来的恶果，都让人深恶痛绝。如今我们倡导遵守国际法治、和平谈判，倡导友好外交，倡导共同发展，在有矛盾发生的时候，努力寻求解决问题的最好方法。然而从前的统治者大都没有意识到社会的发展完全可以不依靠战争，他们眼里只有政权和江山，为了满足统治天下的膨胀欲望，不惜用千千万万的头颅和鲜血来换取。

能避免黎民百姓饱受战乱的苦难，顺应时势发展的作为无不是胜造七级浮屠，这样做在当时对他们的个人名誉有很大的负面影响，不但会失去君主帝位，还被称为贪生怕死的懦夫。三国时期著名的“坑爹男”刘禅就扮演这样的角色，他是家喻户晓的扶不起的阿斗，被视为一个贪图享乐、不思进取、智力低下的庸君，与其所在的三国时代格格不入。三国时代是英雄辈出，豪杰如林，大浪淘沙，长江后浪推前浪的一段激情燃烧的岁月，在那个时代涌现出了一批批广为流传的人物。刘禅的父亲刘备志存高远、才华出众，吸引了大批有才有德之人追随他死心塌地打江山，可刘禅却与他父亲相去甚远，历来被当作一个软弱无能的代名词来警示后人。想起刘备在世时被众多能臣武将所拥护，后人歌颂他“运筹决算有神功，二虎还须逊一龙”，他初出便能垂伟绩，但万万没想到一生的心血竟毁在了临终之前的白帝托孤，他把刘禅托付给诸葛亮，即便是孔明鼎力相助，刘禅还是有负众望，完全不能像他父亲那样壮志凌云、运筹帷幄，并将宝贵的天府之地拱手让人，落得国亡投降的一世臭名。

刘禅的懦弱无能常常成为后人的笑料谈资。赵子龙为了保护他，在长坂城中七进七出，斩掉敌将50余员，血染战袍，才杀开重围。许多人说这位武神简直亏大了，早知道在千军万马中玩儿命救出的是这样一个扶不上墙的烂泥，倒不如直接缴械降曹更加省事。

如今看来阿斗并没有什么罪大恶极，正如张璠所言：“刘禅懦弱，心无害戾。”虽然他屈服缴械，却避免了城中百姓遭受战火侵袭。一旦开战，魏军下令屠城，成都城内必将是血流成河，手下的一干臣民们难逃杀身之祸。在他看来，能避免城毁人亡，自己不做这个皇帝又何妨。这是一种忍辱负重、克己为民，是充分考虑过成本与后果之后做出的抉择，是不得已而为之。至于举世闻名的乐不思蜀，倘若不施展韬晦之计，倘若他仍旧学南唐李后主写出“问君能有几多愁，恰似一江春水向东流”这种凄美绝伦的诗句，等着他的或许立刻便是一杯毒酒，根本不能在洛阳安乐度过余生。

这里对刘禅另一面的肯定，绝非是鼓励无原则的妥协放弃，正所谓良禽择木而栖，良臣择主而事，有时必要的让步并非绝对是一件坏事，若能放下贪欲，则退一步海阔天空。当一个政权民心丧失殆尽、大势已去之时，宁死不屈反而是一种迂腐，是愚忠。只要治理者能让老百姓更加安居乐业，能让国家变得更加富强，谁来执掌神器又有什么区别？谁当这个皇帝又有什么关系？纵观世界历史，有些战役打得也是值得的、必要的、符合历史潮流的，但“不义之战”还是占据了多数。如果魏蜀吴能够放下争夺帝位的独裁执念，少一些尔虞我诈，共同制定良法执政，是不是会好很多？可是，争强好胜的君主哪有心思去思考这些道理，他们认为天下就是自己的，大好河山必须和自己同姓，整个国家是本人的私有财产。每当遇到起义反抗，往往能想的都是出兵镇压，消灭反对势力，而极少能反省自身，站在别人角度去思考问题。偶尔能镇压几次，但次数多了，消耗的也是一个国家的财力、人力、物力。他们迷恋于千万臣民跪地叩拜的飘飘然，更幻想着天下所有的人事都受他一人统治，卧榻之侧，容不下他人鼾睡，自己的财产，绝不可能拱手让人，在这种欲望的驱使下，便开始了无穷无尽的掠夺、瓜分，因为他们的私欲，遍地是“白骨露于野，千里无鸡鸣”的惨象……

近代有傅作义的投诚护北平。在解放战争进入尾声之时，国民党已经穷途末路，在两军最后的决战中，如何能让北京这座古都免受战争的破坏，完好地将它留存下来，经过三思之后，傅作义投诚了。从军人职责的角度来看，他是一个不忠的逃兵，但他使得北平免受战火的侵袭，为全世界留住了一个古都，对保护中华文化遗产、传承人类文明，做出了关键性的贡献。若是在山穷水尽之时他还忠于蒋家王朝，甚至再搞一搞“焦土政策”，古老的北京城只能在双方的硝烟烈火中玉石俱焚，没毁在八国联军与日寇的手里，却断送在自己人手中，今天的我们再也领略不到故宫这世界第一大宫殿的恢宏壮丽，再也无法亲身体验颐和园的富丽堂皇，再也无法唱起《我爱北京天安门》这样脍炙人口的童谣。

傅作义投诚后并没有遭到囚禁，而是被委以重任，出任新中国第一任水利部部长。在长达 20 多年的任职生涯中，他恪尽职守，一往无前，经常不顾严寒酷暑，拖着年迈的身躯，奋战在水利建设的最前线，将后半生毫无保留地献给了中华大地，大江南北都留下了他的足迹。虽然他是个降将，但又有谁能否定他对新中国的贡献呢？无论年纪多大，精力、体力有多不济，还是要尽一切可能多做点实事、好事，这才是忠诚的最佳体现。如果他像忠于纣王而不食周粟的伯夷、叔齐这般，逃避现实，躲入山林，最终饿死在首阳山，只会遭到鄙夷与嘲笑。

在刘禅的背后有个诸葛亮，他受先帝三顾之恩、托孤之重，从此胸怀抱负，汉贼不两立，王业不偏安，力主北伐曹魏，克复中原，用他一生的才智和忠义挥写了“鞠躬尽瘁、死而后已”的卓绝史诗，这样的忠臣可谓绝无仅有，以至于后人云：“读诸葛孔明《出师表》而不堕泪者，其人必不忠。”

在后主刘禅不思光复汉室之时，诸葛亮仍旧对他寄予厚望，并上书道出“北定中原，攘除奸凶，兴复汉室，还于旧都”的必要性，诸葛亮倾其所有也要辅助刘禅完成其父的夙愿。可惜大势已去，不可能再逆转，蜀汉灭亡是在劫难逃的命运。他能精准预测赤壁的大雾来临而草船借箭，却做梦也想不到上方谷一役会突下大雨，司马父子本该葬身火海，孰料造化弄人，司马懿居然死里逃生。真可谓谋事在人成事在天，即使六出祁山，倾尽全力，但已是知天易而逆天难。对于后世读者，似乎都在为曹操败于赤壁而拍手称快，为刘备的夷陵之殇而扼腕叹息，对诸葛亮病逝于五丈原而肝肠寸断。很多人都埋怨老天为何如此不公？这样一个德比天高、光耀宇宙的贤相，为什么不让他赢呢？伟大的女作家冰心读《三国》时动情地哭了两次：其一是关羽败走麦城，其二是诸葛亮积劳成疾不幸逝世。杜甫曾赞叹于“诸葛大名垂宇宙”，悲怆于“出师未捷身先死，长使英雄泪满襟”，长恨于“江流石不转，遗恨失吞吴”，如此看来诗圣比来自巴蜀之地的诗仙更加热爱诸葛亮。可即使历史重写，即使是把吴吞了，把魏灭了，皇位有了，汉室兴了，又能怎样呢？难道大汉政权能逃过最终灭亡的命运吗？绝无可能，历史的车轮在不断前进，任何一个封建王朝都将分崩离析。

再说说司马懿，司马父子是笑到了最后，把魏蜀吴尽收囊中，但其孙晋武帝司马炎是开国即有亡国相，亡国之君的毛病他都有，甚至不如东汉桓灵二帝，制度建设尽是败笔。① 大臣石崇与国舅王恺豪门比富，铺张浪费到无以复加，甚至随意夺人性命，一系列

①张鸣.张鸣说历史［M］. 北京：群言出版社，2015：22-23.

的恶法层出不穷，得不到遏制。一个刚刚建立的国家，本应勤俭勤勉、巩固政权，怎么会骄奢淫逸到这样的程度？蜀汉，走的是那样平静与坦然，生如夏花，死若秋叶，不带走一丝遗憾；可司马王朝接下来发生了什么？八王之乱、五胡乱华，中华大地面临亡国灭种的危机。西晋不过是比蜀汉晚走53年罢了，这怎么能说司马家就是成功者呢？

矛盾可以用和平的方式消弭无形，但手握兵权的君臣却被一些恨、一些夙愿、一些他们认为的“忠义之言”所蛊惑，就像许嵩《半城烟沙》唱的：“有些恨像是一个圈，冤冤相报无了结，只为了完成一个夙愿，还将付出几多鲜血。忠义之言，自欺欺人的谎言。”

何谓“忠义之言，乃自欺欺人的谎言”。在动武之前，哪一君臣不是义正词严，满腔热血，磨刀霍霍大干一场？可这实质上是什么？是内心的无限私欲，是维护“家天下”的独裁统治。至于汉室，也只是一个“家”，而绝非全天下人的“公”，刘备诸葛亮也只不过打着汉室的旗号，想自己称王罢了，和曹魏、东吴并没有什么本质区别。曹魏并不是一个黑暗政权，蜀汉也并不比曹魏更加先进，就拿法制来说，魏国的立法成就远胜于蜀吴。忠义啊，多少罪恶假汝名以行之。（出自罗兰夫人：自由啊，多少罪恶假汝名以行之。）司马光有句一针见血的评价：“诸葛亮自负才能，逆天而行，自取败之也。”甚至有人说诸葛亮是个大奸臣，是最虚伪的男人。但我觉得，这更多是时代的局限性使然。

纵观几千年来的世界战争史，留下了不少经典战役，同时也造成了极大损失。何时应当妥协，何时必须战斗到底，自古至今都是争论不休的话题。在此关键时刻来临之际，该如何抉择，对此我有三点看法：

第一，有无抵抗能力。这就要对时势有一个清醒的认识，否则是以卵击石，得不偿失。蜀国经过多年的穷兵黩武，国力损耗严重，已无再多抵抗能力。刘禅之子刘谌将妻子和几个儿子全部杀死之后自刎而亡，除了做无谓的殉葬品，博得“誓死维护汉家江山，为大业流尽最后一滴血”这样一个“好名声”，还能有什么呢？战官渡前，袁绍占据冀、青、幽、并，是当时最强的军阀势力，但郭嘉经过对敌我双方的缜密分析，提出“曹操有十胜，袁绍有十败”的论断，袁军虽声势浩大，但只是“虚胖”，冢中枯骨，不足为惧，曹操取胜的可能性是十足的。卢沟桥事变之后，日本发动大规模的全面侵华，国民政府节节败退，一股悲观的情绪笼罩在中国大地。毛泽东此时写了《论持久战》，驳斥了“速胜论”和“亡国论”，主张放手发动群众，让侵略者陷入人民战争的汪洋大海中，认为最后的胜利一定属于中国。这为抗战事业指出了光明道路。“二战”期间德日虽然得逞一时，但其地狭人稀，失道寡助，后劲不足，反法西斯国家的力量远大于法西斯国家，因此，轴心国无论如何也不可能具备称霸世界的实力。

第二，正义站在哪一方。正所谓顺天者存，逆天者亡。这里的“天”指“天道”，是不可逆转的客观规律，旧事物早晚会被先进的新事物取代。纣王无道，荒淫无度、残害忠臣百姓、罪行累累，人人得而诛之。识时务者为俊杰，武王伐纣是顺天而行，江山易主是大势所向，忠于纣王的人才是冥顽不灵。魏延正因认识到刘备是个仁德之君，韩玄为人猜忌多疑、残暴不仁、轻贤慢士，才果断斩杀韩玄，倒戈迎接刘备军入城，其在明主帐下效力的愿望可见一斑。安禄山是一个没有文化没有教养的胡人，根本不是好主子的料，他的势力明显属于非正义一方；颜杲卿、张巡、许远等唐将忠臣誓死效忠，为平叛血战到底，他们的死，是重于泰山的。

第三，区分“内战”和“外战”。都是中华民族的一部分，同室操戈，相煎何急？魏和蜀只是中国两个不同的“党派”，刘禅降魏，只是国家内部政权的更迭，不论由谁统治，中华民族这块招牌都没有被“易帜”。由此看来，蒋介石曾高喊的“中国亡于帝国主义，我们还能当亡国奴，尚可苟延残喘；若亡于共产党，则纵肯为奴隶亦不可得”是极其偏激和狭隘的。宁肯给洋鬼子也不给自己同胞，这种心态扭曲到了何种程度？相反，日本与中国是两个不同的国家，分属不同的血脉，其非我族类，日本军国主义更是无恶不作的暴徒。如果被日本征服，就亡国灭种了，中华民族的根就断了，这是万万不能接受的。

英美较早将宪政在本国确立，国内政治从此法律化、制度化，任何问题都可以通过法律来解决，国内的任何矛盾都不可能恶化为内乱、内战，他们的宪政体制已经保证了数百年的国泰民安、政权稳定，使之崛起成为世界强国。改革开放以来，中国几十年没有发生内战、外战，其中一个重要原因是多年来民主法治的发展，使得大量矛盾纠纷可以通过法律得到较为公平合理的解决。[①]这就是良法善治所带来的良好结局。但在过去，思想家们都是主张皇权至上，以维护统治稳固，他们有再多的才学与智慧，也跳不出时代的局限。面对暴君与苛政，在是可忍孰不可忍之时，一呼百应，揭竿而起，群起而攻之，把旧皇帝拉下马，转而扶持另一个新帝登基，都像傻驴拉磨一样循环往复，却从来没想到过用一套民主制度与良法体系去限制皇权，中国封建史上，从来没有一个更为理性平和的道路可供选择，都在这种冤冤相报中不断挣扎，一个政权推翻另一个政权，一个皇帝杀死另一个皇帝，但每一个新的政权从来都是以维护独裁统治为核心，破坏了一个旧世界，但创造的"新世界"不过是旧世界的翻版罢了。在这样的统治下，没有良法善治，皇权的至高无上超越了一切。水能载舟亦覆舟、得民心者得天下、守业更比创业难的大道理许多人都明白，谁都能夸夸其谈地道出个一二三，但如何才能真正赢得民心，如何才能守得住江山大业，统治者完全找不到一条最可靠的途径。从秦汉到明清，法治建设几乎没有得到什么改善，"重刑轻民"的思想从未有过变化，皇权至上根深蒂固，民主与人权的踪影丝毫不见，社会进程就是在这样日复一日、年复一年地原地踏步。

---

①俞可平.国家底线——公平正义与依法治国［M］.北京：中央编译出版社，2014：45-46.

二、良法善治：仁人志士的毕生追求

人性的贪欲让那些狂热者们忘了起码的一点：江山不是自己的私有财产，是全天下人共有的财富。早在两千多年前的《吕氏春秋》中就提出“天下，非一人之天下也，天下人之天下也”。人生下来本就没有贵贱之分，而是人人平等，没有人注定受人奴役。法律的价值包括秩序和正义，二者不可偏废，更何况秩序是为正义、为人权服务的，正义、人权的价值在秩序之上，如果只强调维护森严的等级秩序而忽视了正义，只能造成怨气横生，甚至祸起萧墙，只会导致秩序更加不稳定。这个时候把江山攥得越紧，江山越会在指缝里迅速流失。

越想得到什么，往往就越得不到什么。你越争，它就离你越远。

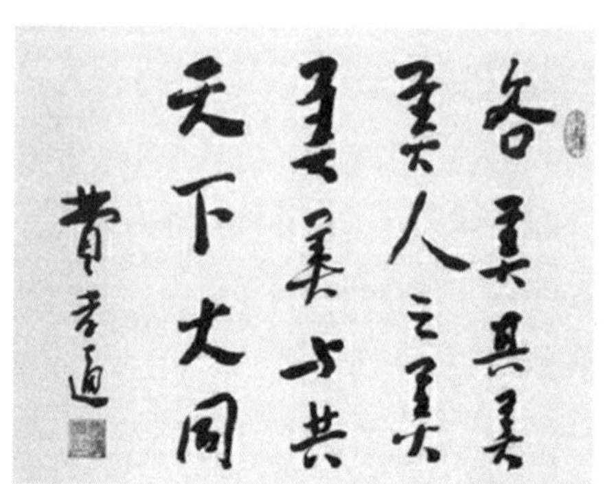

费孝通手书：各美其美，美人之美，美美与共，
天下大同。这是他不懈追求的目标。

推动世界大同，是许多仁人志士一生的梦想与追求。爱好武侠的我想起了另一位与苏轼同时代的人——《天龙八部》的主人公萧峰，他是一个契丹人。当他还嗷嗷待哺的时候，母亲和族人却被中原人误杀，自己成为一个孤儿被寄养在中原，后来他凭借超强的个人能力成为天下第一大帮的掌舵者，为丐帮事业呕心沥血，誓死效忠大宋，为人行侠正义，在江湖上也乐于助人。但即使他问心无愧，站得直、行得正，还是难逃小人的陷害，在背负杀害养父母、恩师的重重骂名下，加上他流着契丹的血液，还是被赶出了中原。而转眼作为位极人臣的南院大王，在耶律洪基准备挥师南下之时，萧峰为了自己的民族而战，当属天经地义。虽然他说自己在南朝长大，受汉人的养育之恩，可别人若早知他是契丹人的事实，还会抚养他吗？会不会将之扼杀在摇篮里？他完全有"恩将仇报"的资本和理由啊！安禄山不就是一个很好的"榜样"吗？张九龄一眼就看出他不是个好人，断言其日后必反，劝玄宗尽早杀之，可李隆基仍然"力排众议"，对其信任有加，封为节度使，一方诸侯，没有任何对不起他的地方，可他还是欲壑难填，还是把大唐掀了个底朝天。对于萧峰，在民族与正义面前，他两面不是人，对于辽国他不是一个忠孝的臣子，对于大宋他是一个流着外族血液的异类。在被怀疑、被破坏的遭遇中，他用年轻的生命阻挡了辽国千军万马。他豪言自己的尽忠报国是为了改善民生，穷毕生之力为天下人谋永福，不能为了一己私欲妄动干戈，而使天下陷入水深火热之中。我想这才是爱国主义的真正体现。

如果问，你最喜欢哪个武侠人物，相信太多人都会回答两个字：萧峰。

从萧峰和耶律洪基的身上可以看出：前者心系天下，视百姓为己出；后者惦记自己的帝位，欲将天下尽入囊中。如岳飞所言：“文臣不爱财，武将不惜死，方得国家太平”，简单地说，就是“文死谏，武死战”。但结合诸多往事来看，可以发现文死谏比武死战还要艰难。武将殊死而战，他不是一个人在战斗，有上级的支持和下属的拥护，就算豁出一条命血染疆场，之后将受国葬礼遇，立一座丰碑，供无数后人瞻仰怀念，子女作为烈士遗孤，得到优厚抚恤，受最好的教育。回顾历史，我们能看到千千万万个“武死战”的英雄人物：近代革命的关天培、陈化成、冯子材、邓世昌、佟麟阁、郝梦龄、左权、杨靖宇、谢晋元、张自忠、马本斋、董存瑞……以及现代社会主义建设时期的欧阳海、向秀丽、赖宁、徐洪刚、高建成、叶欣、孟祥斌、谭千秋、高铁成、杜富国……根本数不尽道不完。文死谏则不同，他几乎是单枪匹马，全凭绵薄的一己之力，鲜有人与他同心同德，一旦遭遇不测可能会倒在自己人之手，拥有的一切全部化为乌有。可以看到，曾经的兄弟因此而反目，自己被族人视为人皆可诛的叛徒。要知道武死战大多是在履行自己的职责，文死谏则是超出了职责的范围，因此才更显难能可贵。不论在丐帮还是大辽，他不顾生死，屡屡挫败敌人阴谋，经受了多次武死战的考验；为天下苍生请命，拒绝“恶法”，令辽皇折箭起誓永不南侵，更通过了文死谏的检验。他要学关云长挂印封金，但相比关羽，他的伟岸之处更为凸显：关羽不过是为了刘备，为了汉室，关羽虽然离了曹营，后仍在刘备帐下坐上了五虎上将之首的爵位；萧峰有傲骨无傲气，礼贤下士，这是关羽更不能及的。侠之大者，为国为民，只求仰不愧于天，俯不怍于人。（出自《孟子·尽心上》，意为向上不愧对苍天，向下不愧对人民。）自己的得失从来不放在心上，天大的委屈也不叫一声苦一声累。对国家，他忠贞不贰；对爱人，他至死不渝；对兄弟，他义薄云天；对人民，他抱有深情厚爱。多情、重情而不滥情，我们喜爱的萧峰，大概就是这样，我想这才是他成为无数武侠迷心中无可替代的第一名的真正原因吧。

“战”与“谏”在我国文化中具有很深的内涵，在我们身边普遍存在着。举个小例子：你的父亲是一家小餐馆的老板，为了全家生活日夜操劳、栉风沐雨，常常累得直不起腰。你看在眼里急在心里，因此常常协助父亲打理店铺、进货、尽全力营销客户——这即是“武死战”，既给父亲以心灵慰藉，街坊邻居定会纷纷竖起大拇指：“真是个难得的孝子啊！”而何谓“文死谏”？如果你父亲炒菜常使用地沟油，为省成本将过期变质的猪肉送上餐桌，此时你有没有责任心去全力劝阻：莫要做这种违法悖德、损人利己之事，甚至不惜撕破脸皮，到底是对谁负责，到底是为了自家的小利还是他人的大利，这是一个更为沉重的考验。此时，对父亲的“不孝”是为了更多人的幸福，符合良法善治的基本要求。

忠民即是忠君，两者绝不是矛盾的，而是牢牢绑定在一起的。

美国著名经济学家拉弗是里根总统的经济顾问，为美国的减税出谋划策。拉弗曲线的内容是：一般来说财政收入是随着税率的上升而增加，但一旦超过某个临界点，会使得社会生产积极性下滑，投资和收入减少，造成税收下降。税率是税法的基本三要素之一，更是税法的核心，是衡量税收轻重的重要指标。因此政府必须保持恰当的税率，把握好一个度，才能保持稳健的财政收入。

拉弗的理念，早在两千多年前的中国就出现了雏形，《论语》中有这样一个故事：

春秋时期的鲁国的税率为20%。即便如此，国库仍然较为空虚。鲁哀公很着急，问有若（孔子的弟子）：“最近收成不好，国库钱不够用，该怎么办呢？”

有若回答：“我们可以将税率从20%降低到10%。”

鲁哀公惊住了："这怎么可以，国家岂不是越来越穷了吗？"

有若说："老百姓有钱了，君主怎么会没钱？老百姓贫穷，君主能富有吗？"（出自《论语》，原文是：哀公问于有若曰："年饥，用不足，如之何？"有若对曰："盍彻乎？"曰："二，吾犹不足，如之何其彻也？"对曰："百姓足，君孰与不足？百姓不足，君孰与足？"）

这体现了儒家的"仁政"思想，主张轻徭薄赋，宽厚待民，以此赢得人心，使国家逐渐富强。正如孟子所主张"民为贵，社稷次之，君为轻"，只有充分保障广大人民的切身利益，藏富于民，施政以仁，社会才能安定有序，才能更加和谐美满，皇帝的位子才能坐得更安稳。我国税法规定了多类减征、免征项目，于2006年全面取消农业税，具有划时代的历史意义。

北京国子监内有若画像

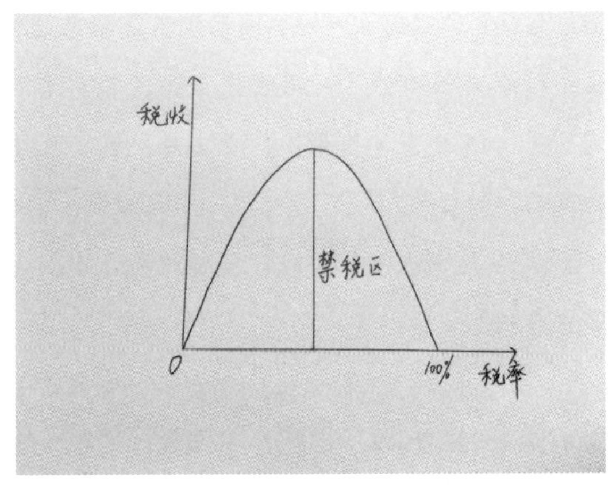

拉弗曲线

抚今追昔，我们对辽皇也没有那么鄙夷，毕竟谁也跑不出被时代局限所左右的可能性，但对萧峰倍感亲切可敬。他扶危济困、热衷公益、诚信专一、舍生取义，太多优良文化传统在他身上得到了集中体现，这在我国当前夹杂不少私利的市场经济大环境下是十分值得传扬的，与“为人民服务”的宗旨是一脉相承的。

在萧峰的身上，我们还发现了即使现在看来都十分先进的国际法律精神——不使用武力相威胁、不干涉内政、加强国家间合作、忠实履行国际义务、和平解决国际争端，这些正是现代国际公法的最基本原则，亦为当今国际社会倡导的主流。萧峰这样的角色，在我国古代其实是很难出现的，生活在那个时代的统治者缺乏不干涉内政、加强彼此合作的思想，甚至近代握有兵权的人，他们大都接受过良好教育，但思想道德水准却完全跟不上步伐，这就是“有知识的人不少，有教养的人不多”。我国著名国际法学家王铁崖先生说："研究好、讲授好国际法要具备两个思想基础：一是爱国主义，要热爱自己的祖国；二是国际主义，要热爱和平和正义，反对侵略和战争，没有这样的基础是搞不好国际法的。"[①] 即使在现在的课堂当中，也缺乏关于敬畏生命的教育课，这导致了大学精神的迷失。也许很多人想不通为什么萧峰会有那么高的境界，因为即使到了发达的 20 世纪，世界仍旧极不太平，从法西斯企图征服全球，再到国民党悍然挑起内战，从来就没有一个为了双方百姓而放弃动武的。

当然这是小说，不必太过纠结其中的逻辑，这也恰恰就是金庸先生的创作目的，他通过塑造这样的人物来明宿志——金庸坦言自己的最大心愿是看到祖国和平统一。我觉得，金庸也想说：只要人好，至于他的身世背景、民族、语言、肤色、宗教信仰又有什么关系呢？我们为什么要排斥一个人品与能力俱佳而仅有"出身问题"的人呢？可惜这些扣人心弦的故事情节以及降龙十八掌、北冥神功、六脉神剑等令武侠迷们恨自己不能拥有的盖世武功无一不是金庸如神的生花妙笔虚构出来的，可我们宁愿相信它是真的，我们也常常会用这样的故事去感动自己，感动别人。小说都是源于生活、高于生活的，虽然书中人物有好有坏，有善有恶，但它通过对主要人物的塑造来讲述现实生活中难有的动人故事，用以弘扬人类正义，从而给予广大读者们正能量，带来别具一格的视觉享受与灵魂超度。

---

①何其生.珞珈国际法：学人与学问［M］. 武汉：武汉大学出版社，2011：257.

现代国际法的最基本精神便是维护世界和平，构建和完善各种国际法主体尤其是国家之间的国际政治经济新秩序。1970年通过的《国际法原则宣言》（全名为《关于各国联合国宪章建立友好关系及合作之国际法原则之宣言》）确立了国际法的七项基本原则，作为处理国家间的最重要准则一直沿用至今，并在众多国际法学者的继承和发扬之下，不断开创国际法治的新境界：

1. 国家主权平等原则

2. 不使用武力相威胁原则

3. 和平解决国际争端原则

4. 不干涉内政原则

5. 国际合作原则

6. 民族自决原则

7. 忠实履行国际义务原则

国际法的基本原则具有强行法的性质，若国际条约当中的条款违反了其中任何一条基本原则，该条款无效。

正如近代国际法之父格劳秀斯所言：“一国之法律，意在谋一国之利益，故国际之间，亦必有其法律；其所谋者，非任何国家之利益，乃各国共同之利益也。”这与萧峰何其相似。

想起杜牧这首著名的绝句：

胜败兵家事不期，
包羞忍耻是男儿。

江东子弟多才俊，

卷土重来未可知。

这首《题乌江亭》表达了这样一个道理：胜败乃兵家常事，江东虽小，亦可卷土重来。遇到了困难，要勇于担当，不要心灰意冷、妄自菲薄，更不能自寻短见，那是懦夫的所作所为，放弃就意味着把千秋霸业断送得彻彻底底。不畏挫折，能够经受失败的打击，继续扬帆起航，乘风破浪，才是真正的大男人、硬汉子。项羽缺的正是不屈不挠的大将之风与远见卓识，如能重整旗鼓，与对手一决高下，或许可以夺回本该属于自己的帝位。

可是，如果没有你，即使赢了天下又有什么意义？

如果项羽率领江东子弟再次北渡乌江，又能怎么样呢？又会是一将功成万骨枯吧，即使他有幸击败刘邦、灭了大汉，建立西楚政权，充其量是过一把君临天下的皇帝瘾而已，付出的惨重代价是难以想象的，双方耗费的人力物力、被战火焚毁的财富又将不计其数。项羽当不了一个好皇帝，与大汉相比，项羽能给国家、给人民带来更多的幸福吗？不可能。也更不可能有民主和良法善治，最终免不了走向灭亡的命运。兴，百姓苦，亡，百姓苦，还是减少改朝换代的频率为妙吧。

《百家讲坛》中，易中天对刘邦和项羽的评价：刘邦志向远大，项羽鼠目寸光；刘邦豁达大度，项羽气量狭窄；刘邦冷静沉着，项羽狂暴浮躁。

蒲松龄有句名言："有志者、事竟成，破釜沉舟，百二秦关终属楚；苦心人、天不负，卧薪尝胆，三千越甲可吞吴。"成功当然是需要代价的，但如果这份代价实在太过高昂，让你的双肩承受不起，甚至是在践踏他人权利的基础上完成的，我想这份功劳也就没有获取的必要了。

相比之下，我还是更推崇王安石的《乌江亭》：

百战疲劳壮士哀，
中原一败势难回。
江东子弟今虽在，
肯与君王卷土来？

幸好楚霸王没有卷土重来。

第七章

良法善治："平衡"与"重点"的关系

“平衡”和“重点”就是事物（在发展过程中），分别在整体和局部的不同方面起着重要作用。关于“平衡”与“重点”的关系，从古至今都是大自然和社会生活中不断反复调和的关系，两者没有绝对的孰优孰劣，因为平衡是重点的基础，重点是平衡的引导，既没有绝对的平衡，也不存在绝对的重点，两者缺一不可，这是万事万物中已经明确的道理，因此如何做到统筹兼顾，将平衡和重点之间的关系协调好，才是人生的智慧和艺术。

我们所强调的统筹兼顾，就是要在全面发展的基础上突出不同领域的发展重点，在平衡与重点之间的关系中找出制胜关键，全面激发整体之间的效能。这样的统筹兼顾不仅仅是在国家经济社会的领域上才起到作用，在我们的日常生活中，也需要有这样的思维，帮助我们在工作、学习和生活中找到致胜关键，实现事半功倍的效果。

一、法律是平衡的艺术

（一）正当防卫制度的法益平衡

刑法规定的正当防卫制度就是平衡之术的典型。

刑法规定：“为了国家、公共利益、本人或者他人的人身、财产和其他权利免受正在进行的不法侵害，采取的制止不法侵害的行为，对不法侵害人造成损害的，属于正当防卫，不负刑事责任。"但同时规定，正当防卫不得超过必要限度。例如你发现一个人在偷东西，你可否拿起一块大砖头朝他脑袋上狠狠砸过去，一下将他打成植物人？这显然是不行的。刑法还规定："正当防卫明显超过必要限度造成重大损害的，应当负刑事责任，但是应当减轻或者免除处罚。对正在进行行凶、杀人、抢劫、强奸、绑架以及其他严重危及人身安全的暴力犯罪，采取防卫行为，造成不法侵害人伤亡的，不属于防卫过当，不负刑事责任。"如果加害者并没有正在实施现实的或是具有严重危害性的行为，就不能对其实施重伤、杀死的方式，否则仍然会被定性为犯罪行为。因此，刑法要鼓励人们见义勇为，积极同违法犯罪行为作斗争，但是也不能做得太过头。这便实现了制止犯罪与保障公民权利的一种平衡。

（二）善意取得制度的法益平衡

民法上的善意取得制度同样是一种法律平衡。

举个例子：甲委托乙保管一件东西，但乙对丙谎称此物是自己的，以市场价格卖给了丙，丙信以为真将其买下。此时，甲能否以自己是物主为由向丙索要呢？

按照我国民法中善意取得制度的规定，此时丙构成善意取得，获得了该物的所有权，甲不能再向丙索要，只能要求乙进行赔偿。

为什么法律要这样规定呢？这是为了维护正常的市场交易秩序。倘若甲能够向丙索要该物，那么任何交易都有被撤销的风险，受让方都需要对财产的来源情况进行详尽的调查以排除转让人无权处分的可能，这必然会大大增加交易成本，有悖于商事行为的效率性特征。同时，甲也应当为自己的交友不慎而付出应有的代价。

当然，不是任何情况都会构成善意取得。民法对善意取得也做出了诸多限制，以尽最大可能实现平衡性：

第一，受让方必须是善意的，不知情的。假设丙明知该物不为乙所有而购买该物，则丙并非善意第三人，不能构成善意取得。

第二，转让该物必须以合理的价格转让。倘若是乙将该物无偿赠予了丙，则丙不能构成善于取得。这是因为，即便乙卖给了丙，但至少乙拿到了货款，甲可以向乙进行索赔，但如果是乙进行了赠予，乙对甲就无钱可赔了。这便不利于原所有权人的权益保护。

（三）侵权责任领域的法益平衡

高空抛物一直以来都是当今社会的一大顽疾。2019 年 6 月，深圳一个 5 岁小男孩被一扇高空坠落的玻璃砸中，经抢救无效死亡；2019 年 7 月，贵州一个 10 岁的小男孩将灭火器从高楼掷下，砸中一位中年妇女头部致其死亡。可以说，“头顶上的危险”无不让人胆战心惊。根据相关测算，一枚重 30 克的鸡蛋从 4 楼抛下，会把人头顶砸出肿包；而从 18 楼抛下，能砸破头骨；如果从 25 楼抛下，冲击力足以致人死亡。所以别小看一枚鸡蛋，如果从高空落下，威力不亚于炸弹。

俗话说，“冤有头，债有主”，“过错责任原则”是《侵权责任法》的一条重要的归责原则，谁有过错谁担责，高空抛物是谁引发的，就由谁来赔偿，这是毋庸置疑的。然而问题来了，一栋楼里有多个住户，如果实在无法找到加害者，该怎么办呢？难道受害者便只有哭的份了吗？

当然不是的。《侵权责任法》第87条规定：“从建筑物中抛掷物品或者从建筑物上坠落的物品造成他人损害，难以确定具体侵权人的，除能够证明自己不是侵权人的外，由可能加害的建筑物使用人给予补偿。”这种“一人得病，全楼吃药”的规则为许多人所诟病，因为这样必然会伤及无辜。但是，这是没有办法的办法，可谓是一种“下策”，其立足点在于保障公平而非权责明确的赔偿原则。因为真正的肇事者往往会隐瞒事实，让人无从得知，只要自己不招认，别人就难以查出来。法律的重要职能之一，便是照顾弱势群体的利益。况且，将赔偿总额进行分摊，平均每户的赔偿额也并不多，完全在自身的承受能力范围内。既照顾了受害者的利益，也没有过于损害所有住户的合法权益，可谓实现了平衡。

二、“平衡”无处不在

（一）生态自然的平衡

平衡，可以说是人与自然发展的核心，纵观地球发展的千百亿年里，生态平衡也是物种得以不断延续发展的重要基础。对于大自然而言，不管日出日落、春秋交替，或是风吹日晒、酷暑严寒，在一白一黑、一冷一热，甚至是物种的生死之间，在大自然的整体环境中都存在一种平衡关系，而平衡关系就成了发展的基础，一旦这种关系被打破，随之而来的就是一系列反常现象所造成的严重影响。

就如在大草原里，狼是羊群的天敌，一只只肥美的羊羔随时可能成为狼群大快朵颐的美餐。为了保护羊群，牧民们曾经想过一个办法，就是大量灭杀草原里的狼群，以保护在这猎杀关系里处于劣势的羊群，使其更多地繁殖下去。但当草原里的狼群没有了，羊群没有天敌的捕猎，在草原上迅速地以人们期望的速度生长繁殖。羊群倒是安全了，可没有了狼的威胁，老弱病残的羊群所带来的疾病传染让羊群反倒死得更快。因此，专家建议把狼放回草原当中，让那些年老多病的羊落入狼口，以避免疾病的传染蔓延。

在这个小故事里，可以看出，在草原的生态系统中，其实有一种隐形的平衡关系。“草 - 羊群 - 狼”构成了一条生物链，虽然狼不断在吃羊，但其实也是在制衡羊群数量的增长，无形中使得羊的数量能在草原的生态平衡系统中上下浮动，但始终控制在一个合理的范围内，在大致平衡的关系中维持草原生态。在这条生态链上，一旦其中一个环节缺失，就会导致生态的失衡，最终这种失衡的状态会蔓延到其他环节，继而导致整个物种的大量减少乃至灭绝。

自然生态系统有其自我调控作用，有自我净化功能。但进入工业革命以来，人类活动对自然生态环境的影响日益明显，所衍生的手段在不断干涉着自然生态本来的运作，在不断占用自然生态资源，人与自然的平衡关系变得越来越岌岌可危。人类社会的发展需要大量的能源作为动力，需要砍伐森林树木，开采矿山油田，利用自然资源来换取人类社会的前进。但这种对自然生态的过度开垦必然会破坏原有的平衡，对人类社会进行反噬。因此，我们提倡“绿水青山就是金山银山”，要像保护自己的眼睛一样保护生态环境，坚决摒弃以牺牲环境而换取一时一地经济增长的做法。

（二）人类社会的平衡

除了从生态的角度来看平衡以外，在人类的社会文明中，也存在平衡关系。2003 年，在党的十六大会议上，当时的中共中央总书记胡锦涛提出科学发展观，为进入千禧年以后的中国经济社会发展提出了一个新的方法论。细看科学发展观的具体内容，包括了以人为本、全面发展、协调发展和可持续发展等方面的内容。简要而言，就是首要突出以人的发展为重点，其他领域全方面地平衡发展。这种平衡关系伴随社会文明的发展而发展。中国有句古话：“不患寡而患不均。”言下之意，在国家社会分配财物的过程中，大家不怕财物太少，只怕分配不均匀。在人类社会中，从古至今，管理者都需要谋求一定的平衡，一旦社会能达到一定的平衡关系，就必然呈现相对愉悦的和谐状态，社会管理就会相对有序。但如果社会失衡，随之而来的必然是某个阶层的震荡和反抗，这样带来的后果肯定就是社会的动荡不安，继而导致某种制度乃至某个社会管理秩序的分崩离析。

在 2020 年初爆发了新冠肺炎，1 月底至 2 月初这段时间，感染人数猛增，此时大多数企业必须停止上班，以防止人员聚集导致疫情扩散，不听指令而擅自复工者，会遭到惩罚。然而，经济发展不能一直停滞不前，复工复产关系到所有民众的切身利益。进入了 3 月份，随着疫情形势的扭转，国内疫情基本得到控制，此时便要有序推进企业的复工复产，逐步放开，以尽可能减少疫情对经济的不利影响。当然，复工复产也会受到较多限制，比如企业轮流上班，错峰上下班，办公场所务必每日进行消毒，减少开会次数和人数，等等。这一系列的限制举措同样实现了疫情防控和复工复产之间的平衡。

还如人们在情感生活的交流中，需要有良好的平衡方式，和不同关系的群体都有不同的关系。如对于朋友来说，我们所提倡的真正的朋友之间应当是互相守望帮助，而不是单方的榨取和苛求，一旦双方在付出和回报之间没有形成良好的往来关系，这样就像是天平严重倾斜到一端，两者之间无法得到平衡，长此以往，再亲密的关系也会崩塌。

三、“平衡”之中必有“重点”

自古以来，“统筹兼顾”都是人们对于一名优秀领导人在管理层面上的褒赞。那何谓"统筹兼顾"呢？从字面上来解读，统筹兼顾的意思是统一筹划，全面照顾。从深层的含义来看，我认为统筹兼顾是立足于整体大局，对各个方面、各个层次都能有区别地照顾发展，这样才是统筹兼顾的真正意义。有人或许会认为，统筹兼顾就必须面面俱到，所有领域都要齐头并进，这样才是领导者的优秀体现。但事实上，古往今来，没有一个领导人能达到这样的程度，因为事物的发展必然有先后、快慢和长短之分，强行追求绝对的平衡是没有意义的，必须在平衡的基础上强调重点，这样才能将资源做最佳的优化选择，实现事物效能的最大化。

中国有句古话"擒贼先擒王"，意思显而易见，就是在擒拿贼群的时候，要抓住重点，一击致命。从军事的角度来看，这个军事策略就是对事物进行重点击破，这句话的出处是杜甫的诗作《前出塞九首·其六》。

杜甫有诗曰："挽弓当挽强，用箭当用长。射人先射马，擒贼先擒王。"意思是行军打仗的时候，拉弓就要拉力度最强的弓，用箭就要用最长的箭，射杀敌人要先把马射下，擒拿敌人就要先把他们的首领擒获。在这四句里，无一不是在强调，做事必须要把握重点，只要先把贼群的主帅擒获，那其他人自然就溃不成军。重点工作做好了，事情必然就能产生事半功倍的效果。

正如上文所说，党的十六大提出统筹兼顾的同时，其具体内容首要便是指出必须要以人为本，可以说，"人"是党的十六大以来发展的重点所在。为什么要强调"人"呢？近年来，随着科学技术在生产生活中的重要性不断显现，国家和地区之间的竞争已经逐渐演化为人才资源的竞争，强调以人为本，一方面便是强调对人才资源培养和发展的重视，也就是以此作为重点战略工作。另一方面，从国家长远管理的角度来看，人才是国家发展的主体，能满足大部分人的需求，才是社会主义制度的优越之处，这样也是结合社会制度所做出的策略重点。

可见，突出重点，是从古至今人们所强调的一种战略思维，不论是军事上，还是管理上，突出重点也是所有策略中最具亮点的环节，在整个过程中起到引领作用。人们所强调的事半功倍，往往也是在于能做出重点击破的策略，继而更快更好地赢得胜利。

在社会生活中，人们对于社会的期望必然是希望经济、政治、文化都能共同发展，满足人们在社会生活中的不同要求。但正所谓“针无两头锋利，人无两副身心”，针不会两头都锋利，人也不可能诸长兼备，重点之所以为重点，不一定在于它必然达到了怎样的高度，而在于我们在取舍之中选择了其作为重点，将更多的精力和心血投入到了重点之中。在现实的社会发展过程中，在各方面资源的限制下，不可能各个方面都能得到同样的发展。因此在不少国家的党派候选人竞选之时，都会有自己的一套施政纲要，而这份施政纲要往往都选择重点发展项目作为亮点，以吸引选民的投票，在这过程中，其实就是一次取舍的结果。在中国的发展过程中，社会主义制度下的共同富裕在我们国家的落实并不是绝对的共同富裕，因为强行让一个地域辽阔、人口众多以及各个地区的资源和水平都差异巨大的国家，在各个区域都实现同步富裕，显而是不符合实际的，因此国家采取不同阶段的重点发展，让"先富带动后富"，这样也是在不同阶段下对重点的取舍。

"平衡"当中亦有"重点"的存在，二者是同一事物的两个方面，正如世界不能顾此失彼而失去平衡，但在整体环境中又不能没有重点地发展，如何处理平衡与重点之间的关系，就是统筹兼顾的技巧和艺术，是我们必须准确衡量的关系。

我们要抓住重点，要知道矛盾的主要方面和次要方面，分清"主流"和"支流"。就如上文所说，面对工作和生活之间的平衡，人的时间和精力是有限的，不可能在大量投入工作的同时也花同样的时间在享受当中，工作和生活孰轻孰重必须要有所选择。因此，在平衡中找出重点，这是处理平衡和重点之间关系的关键，更是我们生活中经常需要衡量的关系。

本书前面章节从国家治理、企业经营、家庭生活、校园教育等方面阐述了良法善治的重要性。现在我就从这四个方面举例来阐明"平衡"与"重点"的关系：

（一）父母和子女之间的"平衡"与"重点"

社会是由家庭所组成，父母和子女的关系可以说是社会关系的基础，这种关系起源于血缘，同时也会因国家民族的社会文化不同而有所差异。但不管怎样，父母和子女之间的关系同样要讲求平衡。孩子要尊重父母，听父母的话，父母也应尽到抚养和教育的义务，履行好家庭的重任。

但和下文所述的老师和学生的关系不同的是，父母和子女的关系在不同的阶段有很大的差异性，两者之间并不是正相关的关系，反而是随着岁月的流逝而呈现此消彼长的变化，因此在不同的时间段，需要双方有不同阶段的相互适应的重点。例如，当子女仍未成年的时候，父母要负起养育责任，担当起教育子女的重任。同样，未成年子女也要尊重父母，听父母的话，接受父母的教育。当子女成年以后，父母已经履行完养育的义务，而当父母年岁渐长慢慢丧失工作劳动能力之后，子女就应当肩负起赡养父母的责任。

那么，在父母和子女的特殊关系中，又应当强调谁适应谁呢？我认为，根据时间段双方能力的不同，这两者之间的关系应当是：父母更要适应未成年子女，成年子女更要适应老年父母。

两者之间的强弱之势并不是固定的，而是随着时间的推移而发生变化。在子女未成年的时候，从没有任何生存技能到慢慢学习发展，逐渐具备一定的认知和能力，在这个过程中，父母无疑是在法律上和伦理上都肩负起了不可推卸的教育责任。正常来说，父母是未成年子女学习和模仿的对象，所以有句话是这么说的：“子女是父母的一面镜子”，言下之意便是从子女的行为、举止和认知就能看出父母的素质和水平。现在，社会对于一些相对调皮的小孩子称之为“熊孩子”，这有一定的贬义成分，然而大家在反感“熊孩子”的同时，却理性地明白，“熊孩子”是“熊父母”造成的，真正需要被人指责的是没有教育好孩子的“熊父母”们。因为大多数情况下，孩子都是在父母的言传身教、耳濡目染当中成长，父母倘若能够以身作则，就一定能起到榜样模范的作用，子女自然会吸收到父母的优点。但父母如果在自身行为或价值观念上存在较大问题，便很可能传染给孩子，为孩子起到错误的示范。又有些"熊孩子"可能出现其他一些心理上的不当行为，追根溯源大多因为父母忙于各种事务而疏于管教，与子女缺乏交流互动，以至子女长期未能在正常的家庭环境下成长，继而出现心理问题，父母又没有及时发现和遏制坏苗头的发展。常言道，小孩是一张白纸，需要在父母的精心呵护下，塑造好自己的三观，茁壮成长。因此，在子女成长的过程中，父母必然需要更多地适应子女，根据子女的不同情况来及时反思和调整自己的教育方式，以更好地进行培养。

一代新人换旧人。当时光流逝，子女逐渐长大成人，父母也会逐渐老去。当子女成年后能担当重任了，此时又当如何？此时，便更应当强调子女要适应父母了。正如上文所说，父母和子女的关系是此消彼长的，当子女成年，有了更大的能力之后，父母也因为衰老而渐渐丧失能力，渐渐便不占据家庭的主导。但在中华民族的传统文化中，更强调的是"幼有所养，老有所依"的尊老爱幼思想，父母已经衰老，更需要子女的关爱和照顾，因此有首传遍大江南北的歌叫《常回家看看》，便是提倡子女要多多关心父母，照顾父母的情感，让父母能够得到心灵上的慰藉，更好地安度晚年。在此过程中，我们更应强调的便是让成年后的子女更多地去适应因衰老而逐渐处于弱势的父母，给予他们更多的照顾，共同维系家庭关系的和谐。

（二）老师和学生之间的“平衡”与“重点”

所谓教学相长，教与学从来都是相辅相成、密不可分的，而在教学过程中，作为主体的双方，即老师和学生之间同样存在密切的关系。一方面，老师出色的教育和指导方法，能加强学生的学习能力和效果；另一方面，学生作为学习的主体，同样能发挥主观能动性，通过更积极和深入的学习，将老师的教导效果最大化。可见，老师和学生之间的关系同样具有平衡性，需要彼此适应，才能相辅相成。

具体而言，是需要怎样的适应呢？老师适应学生，是指老师要认真备课、授课，全面深入地掌握课本内容，并且要以恰当的方式表达出来，尽可能让学生深入理解从而学到更多更有用的东西；学生要适应老师，是指学生要适应老师的讲课方法，认真听课，跟上老师的节奏，课后通过自身的努力学习巩固成果，以求让自己掌握更多的知识。

二者相互适应，不可偏废一方，实现这段教学关系中的平衡，这是毋庸置疑的。然而，谁更应该适应谁呢？是更应当强调学生适应老师，还是更应当强调老师适应学生？这就见仁见智了。

我认为，在教学关系中，我们更应当强调的是让老师去适应学生。

或许有人对此提出了反对意见：在当今的社会环境下，教育资源紧张，一名老师往往需要面对多个学生，一堂课有几十名甚至上百名学生不等，众口难调，一个老师又怎么可能同时去适应每一个学生呢？但我认为，只要老师按照教学大纲内容，认认真真把课讲好，学生绝对不应当出现不适应的情况。

如果老师真的把课讲好，学生还是无法适应，那只有两种情形：一是这个学生智商极低，不具备一般水平，无法接受正常的教育；二是这个学生如"虽听之，一心以为有鸿鹄将至，思援弓缴而射之"的那个学徒，身在课堂，心却没在课堂，对老师讲授的内容并没有好好地吸收。可以说，只要是一个智力正常、认真听课的学生，就一定能适应老师的授课。

公道自在人心，群众的眼睛是雪亮的，学生的判断力一定是客观公正的。老师讲得好不好，是不是负责任，学生们一目了然。如果老师将课程讲得一塌糊涂，还强调学生适应他，那是扯淡。而不少老师在课堂上非常认真负责，把每一堂课讲得有声有色，几乎没有学生不竖起大拇指的，这样的老师当然能让学生很好地适应，教学双方的关系也必然能相辅相成。正如前面章节提到，现在很多公办学校的老师，在编制的保护下，对工作得过且过，敷衍教学，根本没有把教书育人放在心上，这样教学的效果可想而知，在这样的课堂上学生们能学到什么呢？这样的老师有资格要求学生适应他吗？显然这是不客观，也是不理智的。

老师和学生之间关系的平衡，需要建立在老师和学生之间对教学这个环节的共同的能达到基本水平的付出，但总的来说，更侧重于老师的教导为基础，学生立足于老师合格的教学工作而谈论学习成果。否则，若只是一味强调学生的学习能力和学习水平，这样学生是不是只需要自学就可以了，根本没有必要要求老师参与到教学环节中来。在老师的教学能达到合格水平的前提下，更应该强调老师尽可能地丰富教学方式、提高教学水平以适应学生在不同学习阶段的需要。因此，学校要加强“良法”建设，让老师努力去备好课、授好课，以取得课堂教学的“善治”。

（三）老板和员工之间的“平衡”与“重点”

一个人能力素质的养成有三个来源，即家庭的熏陶培养、学校的知识灌输和工作岗位的实践磨炼。家庭、学校、工作单位，这三大板块可谓贯穿了人生始终。因此，除了刚刚提及的父母和子女、老师和学生以外，还有一种关系也是普遍存在的，那就是老板和员工的关系。在现代生产领域，雇佣关系是最常见的社会关系，要达到社会生产的持续稳定，雇佣关系同样需要强调平衡性。过去，很多人对于老板和员工的关系停留于绝对控制关系，但随着现代法治社会的发展，法律法规对员工的保护逐渐加大，现代企业也在不断探索新型的雇佣关系，强调企业文化氛围，希望能以企业文化来推动员工工作的积极性，激发员工的主观能动性，使员工更积极主动地为企业创造更大的利润。

所以，在现代企业的雇员关系里的平衡性，就是老板要适应员工，要尊重员工，维护员工的合法权益，营造良好的工作氛围，真正把员工当亲人，共同发展和进步。同时，员工也要适应老板，就是要遵守单位制度，听从组织管理和安排，努力工作，尽力为企业创造利润。然而，在这样的雇佣关系里，更应当强调谁适应谁呢？

我认为，更应当强调老板适应员工。

在现代企业管理制度上，企业老板不同于奴隶社会中的奴隶主，老板和员工的关系已经不再是老板享有最高话语权的绝对控制关系，而是双方处于相对公平的关系里。老板给员工支付薪水，员工为老板付出劳动。但正如上文所提到，现代社会的竞争归根结底是人才资源的竞争，不管企业管理还是国家发展，最重要的还是要发挥建设者的主观能动性。因此，一方面老板要为企业着想，也要为员工着想，在规范的企业管理制度上，还要制定合理的激励机制，让员工有狼性精神，员工只有做出了成绩，才能赚得更多的利润，企业才能不断发展，员工才更能享受到企业发展所带来的利益，形成共同发展的"双赢"局面。不仅在企业制度的硬性管理上，老板要适应员工情况来进行调整，还要在员工的精神层面和行为上进行管理，例如对员工还要坚持"严管就是厚爱"的原则，该严格的时候就得严格，使员工避免犯错，也使企业避免遭受损失；又如老板要对员工给予必要的关爱，要以人为本，合理安排员工的工作，因为如果老板漠视员工利益，践踏员工尊严，动辄处罚、剥削员工，这样的企业必然得不到拥护，也注定不会走得长远。现代企业的管理制度下，老板和员工之间的选择是双向的，如果某老板天天让员工凌晨 5 点就来上班，晚上不到 10 点就不允许下班回家，这样漠视员工利益的企业必然会遭到唾弃，必然不被优秀的员工作为选择的对象，没有足够的人才资源，企业的发展就举步维艰了。

企业是典型的社团法人，即必须先有人，企业才能成立与持续经营。[①] 因此企业是由广大员工组成的，老板适应员工，就是在适应企业；如果老板的所作所为让广大员工都不适应了，那就是让企业不适应了，企业就难以精进运作，甚至走向破产倒闭的坟墓。与老师和学生的关系一样，只要老板制定出良好的企业管理制度，员工不会不适应。这即是企业的“良法”必然会取得“善治”。

在这里，不得不提到在 2016 年顺丰小哥被扇耳光的事件。当时，一名顺丰快递小哥被人连扇耳光，总裁王卫并没有奉承“顾客就是上帝”的原则，不问缘由就要求快递小哥低头认错，而是立足于公正的立场，当即表示：“如果此事不追究到底，我就不配做顺丰的总裁。”作为老板，王卫一方面迅速安排快递小哥去到正规医疗机构进行治疗，一方面坐言起行以公司名义追究打人者的责任，顺丰快递正是以这样有理有据有节的态度，带领数十万员工在快递行业里领先前行。在 2017 年，顺丰快递上市的时候，王卫还特意安排了这位快递小哥去敲钟，可见王卫是打从心底重视员工被欺负的事件，更一直将这件事放在心头。这样的老板怎能不让人感动，怎能不让人死心塌地追随到底？因此，要培养员工的归属感和忠诚度，不仅在物质上要照顾员工，还要从精神上尊重员工，让员工拥有职业尊严，这也是企业老板适应员工的具体表现。

---

①社团法人与财团法人相对应。前者是由具有共同目的的人结合而成的法人，后者是由具有一定目的的财产结合而成的法人。

（四）政府和百姓之间的"平衡"与"重点"

在社会生活中，最为基础，也是最重要的一种关系，莫过于政府和老百姓的关系。可以说，一个社会能否稳定发展，关键在于政府和老百姓之间的关系能否得到平衡，这和其他几种关系一样，也是要互相适应，找到平衡点。

政府和百姓之间同样强调"相互适应"：政府要适应老百姓，是指政府要真正以民为本，认真制定每一部法规、规章，政府工作人员应当依法行政、文明执法，本着为人民高度负责的态度来进行社会管理。而老百姓要适应政府，是指老百姓要遵纪守法，听从政府管理，不做违法违规的事情，不给社会添乱，更不能抗拒执法。这样才能让社会在平衡的关系中稳步前行。

这样说来，同样的问题来了：我们更应当强调谁要适应谁呢？我认为，当然是更应当强调政府适应老百姓。

在哲学上有三大经典问题：你是谁？你从哪里来？你要到哪里去？这是值得人一生细细品味思考的三个问题。人类可以认知大地万物，却更难认清自己，因为离我们最近的东西，往往是更难被认知的。在社会管理层面，这三个问题同样适用。

第一，你是谁？首先，无论是政府工作人员还是普通百姓，都是"人"，都因为"人"而享有基本的人权，在这一点上，政府工作人员和普通百姓没有任何差别，不因谁的特定身份而享有特殊的权力和承担特殊的义务。政府同样是由"人"组成，保护广大老百姓的利益，其实也是保护自身的利益，这是具有不可分割的关系的。

第二，你从哪里来？任何人都不是从娘胎里生出来就获得了某些职务。任何人都是从普通老百姓一步步向上攀登前行的，人不能忘本，不能忘了来时的路。在我们国家，政府就是代表人民行使权利，所有的权利都是人民所赋予的，那如果政府不能适应老百姓，不能代表最广大人民利益的话，那这样的政府必然就会被人民所厌弃。

第三，你要到那里去？政府管理的目的应当是坚持为人民创造更美好的生活，老百姓满意了，才是政府希望实现的目标。飞得再高的直升机同样也要降落，获得再多荣誉的体育明星也有退役的那一天，即使再大的领导，也有任期结束的时候，此时也就成了普通百姓，终究要落叶归根，过上普通人的生活。所以说，政府工作人员今天为他人服务，其实也是在为未来的自己的美好生活打下基础。

可以说，一个无法认识自己的人，也就无法真正认清他人。如果仅仅站在自我的角度去看待周围的事物，就会产生极大的偏颇，不知道如何去善待他人。

综上分析，政府能不去适应老百姓吗？能不把百姓的利益放在最高的位置吗？因此，中国共产党成立至今，经过百年始终不变的是：党始终代表最广大人民的根本利益。习近平强调：党的初心和使命宗旨就是为人民谋幸福。无论何时无论发生了什么，我们都把“人民”二字摆在最重要的位置。就如在2020年初，春节前突如其来的新冠肺炎疫情，面对未知的病毒，没有多少可以借鉴的经验，但党和国家临危不乱，积极应对，随即派遣全国各地的医疗队伍总共 4 万多名医护人员在除夕夜奔赴疫情暴发集中地湖北省抗击疫情。在这批"逆行者"中，大部分是在危急关头主动请缨的共产党员，他们所代表的正是党和政府为老百姓的生命健康安全所彰显的拯救人民的决心。经过两个多月的努力，疫情最终得到有效控制，湖北省其他市区乃至武汉市逐步解封。在党中央和人民政府的正确领导下，全国人民跨过了疫情最严峻的时刻，有力遏制了疫情的扩散，将疫情对国家的伤害减至最低，这充分体现了党中央为人民服务的基本准则，更体现了政府要适应老百姓的关系。

只要政府真正把人民利益放在心上，把各项工作都做到位了，老百姓为什么要抗拒呢？可以看到，历次农民起义，无一例外都是统治阶级的暴政致使民不聊生，因此老百姓不得已才揭竿而起，拼死反抗。难道老百姓无缘无故非要和政府对着干？造反是要打仗的，打仗是要死人的，老百姓难道不想过上其乐融融的生活？非要冒着丧命的危险去加入起义军参与造反？可以说，这些起义、反抗都是因为没有良法善治，造成社会失衡，才发生矛盾冲突。正如我在开篇自序中指出：纵观中国历代王朝的垮塌，有几个是因为老百姓主动破坏法律发动暴乱导致的？一个都没有。无一例外是统治阶级那一系列恶法所造成的。

四、小结

关于“平衡”与“重点”的关系，从古至今都是大自然和社会生活中不断反复调和的关系，两者没有绝对的孰轻孰重，因为平衡是重点的基础，重点是平衡的引导，既没有绝对的平衡，也不存在绝对的重点，两者缺一不可，这是万事万物中已经明确的道理，因此如何做到统筹兼顾，将平衡和重点之间的关系协调好，这才是管理的艺术。

中国共产党自成立以来，一直遵循统筹兼顾的原则，在战争时期，中国共产党一边在对外抗日的战线上投入，一边也在发展自身的力量，在平衡之中不忘自身发展的重点。中华人民共和国成立以来，中国共产党始终坚持统筹兼顾的原则，如中国共产党和各民主党派的关系是：长期共存，互相监督，肝胆相照，荣辱与共。执政党和参政党之间是相辅相成的关系，彼此要通过互相监督，来实现民族统一战线。因此，如果只强调一方监督另一方，那必然是不平衡、不平等的。然而，重点在于，更应当强调谁监督谁呢？当然是更强调参政党监督执政党。因为中国共产党作为执政党，在国家的领导和管理中占据主导地位，民主党派作为共同参政议政的民主战线，要彰显民主就必须发挥民主党派的力量，对共产党的执政能力进行监督。因此，在这过程中，需要一定的制度去赋予并保护民主党派的监督权力，而人民民主政治协商制度，就是中国共产党适应民主党派的重要体现。

所以，对此我的总结是："强势"的一方更要去适应"弱势"的一方，占据主导的一方更要去适应非主导的一方，这便是"平衡"之中的"重点"。对于老师和学生，显然老师是"强势"一方，而学生是"弱势"一方，因此更要强调老师适应学生。对于父母和未成年子女，父母是"强势"一方，子女是"弱势"一方，此时更要强调父母适应子女；对于中年子女和老年父母，则子女是"强势"一方，父母是"弱势"一方，此时更要强调子女适应父母。对于企业而言，老板是"强势"一方，员工是"弱势"一方，因此更应强调老板适应员工。对于政府和老百姓而言，政府是"强势"一方，老百姓是"弱势"一方，因此更应强调政府适应老百姓。对于共产党和民主党派而言，共产党是"强势"一方，民主党派是"弱势"一方，因此更应强调民主党派监督共产党。

一旦把重点搞反了，带来的危害一定是非常严重的。

正如在当前，我们国家所倡议的社会主义核心价值观——倡导富强、民主、文明、和谐，倡导自由、平等、公正、法治，倡导爱国、敬业、诚信、友善。这 24 个字概括了我们当前社会生活最理想的形态，但在核心价值观平衡发展的同时，我们也要有所侧重地进行重点的发展。这是在宏观的层面上把握国家发展战略，同时也在大局中有重点地进行规划，让重点工作同时又服务于大局。所以说，要保持整体格局的平衡，但又必须要在坚持统筹兼顾的原则下，分清重点、分清主次，这样才能推进国家有序地发展和进步，而不是让绝对的平衡限制了发展的步伐，也不是让绝对的重点打破了应有的平衡。

因此，“平衡”和“重点”是良法善治的精髓所在，统筹各方面的平衡关系，又要兼顾主次发展，继而达到平衡与重点相统一的领导管理艺术。这才是良法善治的真正意义。

参考文献

［1］百名法学家百场报告会组委会办公室．法治百家谈：百名法学家纵论中国法治进程［M］．北京：新华出版社，2011.

［2］蔡正华．为“坏人”说话［M］．北京：知识产权出版社，2015.

［3］陈瑞华．看得见的正义［M］．北京：北京大学出版社，2013.

［4］陈雨露、杨忠恕．中国是部金融史 2——天下之财［M］．九州出版社，2014.

［5］邓国良，李毅．法治思维与依宪治国［M］．北京：法律出版社，2016.

［6］邓子滨．斑马线上的中国［M］．北京：法律出版社，2014.

［7］冯玉军．法论中国［M］．北京：清华大学出版社，2015.

［8］付子堂，赵树坤，等．发展中法治论：当代中国转型期的法律与社会研究［M］．北京：北京大学出版社，2013.

［9］高鸿钧．法缘记忆：醉心梦语［M］．上海：上海三联书店，2015.

［10］郝铁川．法治随想录·法治如何变革中国［M］．北京：

中国法制出版社，2016.

［11］贺卫方．逍遥法外［M］．北京：中信出版社，2013.

［12］贺卫方．天下・法边馀墨［M］．北京：法律出版社，2015.

［13］何兵．法治变革中国［M］．北京：中国计划出版社，2015.

［14］何其生．珞珈国际法：学人与学问［M］．武汉：武汉大学出版社，2011.

［15］何勤华．中国法学家访谈录［M］．北京：北京大学出版社，2013.

［16］胡建淼．走向法治强国［M］．北京：法律出版社，2016.

［17］黄进．何以法大［M］．北京：中国人民大学出版社，2016.

［18］季卫东．大变局下的中国法治［M］．北京：北京大学出版社，2013.

［19］季卫东．法制的转轨［M］．杭州：浙江大学出版社，2009.

［20］李奋飞．正义的底线［M］．北京：清华大学出版社，2014.

［21］李金早．告别 GDP 崇拜［M］．北京：商务印书馆，2011.

［22］梁兴国．现代人的法律生活［M］．上海：上海人民出

版社，2012.

［23］林海．萨维尼从巴黎的来信［M］．北京：法律出版社，2015.

［24］林来梵．文人法学［M］．北京：清华大学出版社，2013.

［25］林来梵．宪法学讲义［M］．北京：法律出版社，2015.

［26］刘峰．法律的故事［M］．北京：中国法制出版社，2014.

［27］刘星．西窗法雨［M］．北京：法律出版社，2013.

［28］刘瑜．民主的细节：美国当代政治观察随笔［M］．上海：上海三联书店，2009.

［29］龙卫球．法学的自觉［M］．北京：北京大学出版社，2015.

［30］姜明安．法治思维与新行政法［M］．北京：北京大学出版社，2013.

［31］江平．法治必胜［M］．北京：法律出版社，2016.

［32］江平．法治天下——江平访谈录［M］．北京：法律出版社，2016.

［33］毛泽东．毛泽东选集［M］．北京：人民出版社，1991.

［34］倪健民、公丕祥．西方法律思想历程［M］．北京：中国法制出版社，2013.

［35］钱卫清．你活得好吗——法律养生让生命无忧［M］．北京：北京大学出版社，2013.

[36] 孙笑侠 . 法治需求及其动力 [M] . 北京：法律出版社，2016.

[37] 孙育玮 . 走向法治的法理思考 [M] . 北京：中国法制出版社，2013.

[38] 王利明 . 法治・良法与善治 [M] . 北京：北京大学出版社，2015.

[39] 王利明 . 人民的福祉是最高的法律 [M] . 北京：北京大学出版社，2013.

[40] 王利明 . 迈向法治——从法律体系到法治体系 [M] . 北京：中国人民大学出版社，2015.

[41] 王启梁，张剑源 . 法律的经验研究：方法与应用 [M] . 北京：北京大学出版社，2014.

[42] 王人博 . 法的中国性 [M] . 桂林：广西师范大学出版社，2014.

[43] 吴敬琏，周其仁，郑永年，等 . 读懂中国改革 [M] . 北京：中信出版社，2014.

[44] 萧瀚 . 法槌十七声・西方名案沉思录 [M] . 北京：法律出版社，2013.

[45] 许身健 . 伟大的欺瞒 [M] . 北京：清华大学出版社，2014.

[46] 杨立新 . 民法帝国 [M] . 北京：中国法制出版社，2013.

[47] 杨荣馨 . 中华人民共和国民事诉讼法（专家建议稿）

立法理由与立法意义［M］. 北京：清华大学出版社，2012.

［48］俞可平. 国家底线——公平正义与依法治国［M］. 北京：中央编译出版社，2014.

［49］俞可平. 偏爱学问［M］. 上海：上海交通大学出版社，2016.

［50］余定宇. 寻找法律的印记——从古埃及到美利坚［M］. 北京：法律出版社，2010.

［51］余定宇. 寻找法律的印记——从独角兽到六法全书［M］. 北京：北京大学出版社，2010.

［52］余玮. 法治的中国表情［M］. 北京：团结出版社，2015.

［53］张建伟. 法律稻草人［M］. 北京：北京大学出版社，2011.

［54］张明楷. 刑法格言的展开［M］. 北京：北京大学出版社，2013.

［55］张万洪. 法治、政治文明与社会发展［M］. 北京：北京大学出版社，2013.

［56］张文显. 法治的中国的理论建构［M］. 北京：法律出版社，2016.

［57］张文显. 权利与人权［M］. 北京：法律出版社，2011.

［58］赵万一. 敬畏法律［M］. 北京：法律出版社，2013.

［59］知乎. 知乎周刊・正义女神不睁眼［M］. 北京：中信出版集团，2016.

［60］中共中央宣传部理论局．改革热点面对面［M］．北京：学习出版社，人民出版社，2014.

［61］周叶中，江国华．维新——中国近代人物宪制思想评论［M］．北京：中国政法大学出版社，2015.

［62］周叶中，江国华．图强——中国近代人物宪制思想评论［M］．北京：中国政法大学出版社，2015.

［63］苏力．制度是如何形成的［M］．北京：北京大学出版社，2007.

［64］苏力．法治及其本土资源［M］．北京：北京大学出版社，2015.

［65］艾伦·德肖维茨．你的权利从哪里来［M］．黄煜文，译．北京：北京大学出版社，2014.

［66］艾伦·德肖维茨．致年轻律师的信［M］．单波，译．北京：法律出版社，2014.

［67］切萨雷·贝卡利亚．论犯罪与刑罚［M］．黄风，译．北京：北京大学出版社，2008.

［68］丹宁．法律的正当程序［M］．李克强，杨百揆，刘庸安，译．北京：法律出版社，2011.

［69］鲁道夫·冯·耶林．为权力而斗争［M］．郑永流，译．北京：法律出版社，2012.

［70］约翰·麦克西·赞恩．法律的故事［M］．于庆生，译．北京：中国法制出版社，2014.

［71］罗伯特·N. 威尔金．法律职业的精神［M］．王俊峰，

译. 北京：北京大学出版社，2013.

［72］卡耐基. 人性的弱点［M］. 杨珊，译. 武汉：武汉出版社，2016.

后记

国家发展经济、保障人权、维护良好的秩序、促进社会正义与和谐，归根结底就是为了让人幸福；企业的“良法”，就是为了让广大员工和客户幸福；教育的“良法”，就是为了让教师和学生们幸福；家庭的“良法”，就是为了让每一个家庭成员幸福。所以，本书名为《良法善治：幸福的守护神》。

或许在一些专业人士看来，把生活中的一些事情硬生生地和法律糅合到一起，似乎不太严谨，其实不然。比如《孙子兵法》，这部只有六千余字的古籍，当初单纯是为带兵打仗而作，但经过两千五百余年的不断发展创新，被广泛运用在了经济、教育、管理、博弈、体育等诸多现代领域，成为各行各业的“武林至尊”。恩格斯说：“马克思的整个世界观不是教义，而是方法。它提供的不是现成的教条，而是进一步研究的出发点和供这种研究使用的方法。”同样，良法善治并不是圈定了一个条条框框让人去遵守，而是指导我们做人做事的一种最先进的方法论，每一个人都应当从良法善治当中汲取养料，它渗透到了社会的每一个角落，只要用心去发现，总能在不经意间感受到它的美好。

自从十八届四中全会以来，良法善治再一次成了人们关注的焦点，它体现了我国高度为人民利益负责、依良法治国、为实现中国梦而不断开拓进取的决心。幸福感不会凭空而来，它需要我们用智慧和双手去创造。依良法治企，企业才能打造一个更为成功的盈利模式，即使身处危机也能保有我自岿然不动的本色；依良法治校，学校才能实现人才辈出的崇高目标，成为令人无比向往的天堂；依良法治家，家庭才能和顺和谐，万事兴旺。这便是“得良法者得天下”的真正含义。

生活中几乎所有的问题都可以用良法善治的理念加以分析解决。比如，当初我的本科学校让我们经济管理专业的学生学习工程图学的行为是否属于“良法”呢？

请看以下分析：

第一，我们学生作为被管理者和被教育者，自然要遵守学校的规定，刻苦学习，完成所有的课业，不要求拿全优，但一定不能落在60分以下，否则，等待自己的就是挂科、补考、重修甚至无法按时毕业，这是毋庸置疑的。但是学校更应当本着为学生、为教育负责的态度，认真制定好各项规定，以“良法”作为管理的手段。否则对于教学质量的提升、人才的培养是极为不利的。做出开设工程图学的决定，学校经过仔细分析了吗？权衡利弊了吗？真正为学生为教育事业考虑了吗？这里打了一个大大的问号。

第二，学校制定教学制度需要说明合理理由。开设工程图学的理由是什么？不要说什么艺多不压身，比工程图学有用的东西多得多，为什么要丢西瓜捡芝麻？无论搬出什么理由，都是经不住推敲的。

第三，其他学校有没有让财经管理专业的学生学习工程图学这样的学科呢？放眼全国也找不出几所来，所以这根本不具有普遍性。开设工程图学，能得到普遍的支持吗？符合公平正义的要求吗？对提高学生的学术水平和综合能力有帮助吗？答案是否定的。

第四，一些“恶法”的出现有时在所难免，犯错误并不可怕，意识不到错误、自以为是、听不进劝告、任由错误继续发展甚至不断壮大，才是最可怕之处。这就需要有一套监督制衡与纠错机制。学校为学生们着想，推进民主协商和自我问责，及时修正错误，废止“恶法”让教学制度不断完善，这一点做的还是很不错的。

社会上、生活中的方方面面都需要良法，诸如“教育良法”“经济建设良法”等，所涉及的内容浩如烟海，远远不止本书所述，限于篇幅无法一一全面概括，只能到此即止。也由于本人年龄、水平、阅历所限，一些内容只是个人看法和总结，并不一定是真理所在，尤其是在解决问题的层次上，显得有些苍白。本书虽然经过许多次修改，但还是有一些问题的，可出版一事不能无限期地拖延下去。美国当代最著名的律师艾伦·德肖维茨告诉我们：完美主义是成功的大敌，对完美的追求不仅不切实际，而且永远没有尽头，否则你就没有那么与众不同了。[①] 分享自己的经验、错误、感悟和观点可以对思想的交流做出贡献。正所谓大

---

①德肖维茨. 致年轻律师的信［M］.北京：法律出版社，2014：76-77.

道至简，本书至少起到了一个风向标的作用，给读者们提供了一个分析问题、解决问题的思路，以此抛砖引玉，更好地探求新方法、新举措。通过这种方式深入挖掘思考，集众人之长，寻求解决问题的正确途径，一定会大有收获。

杨真

致谢

本书经历多次修改，最终完稿。把自己的所思所想变为印刷装帧的一本书，可以说是许多人的一个梦想。我最终得以实现这个梦想，心中不禁感慨万千。虽然书中内容还有不少不完善的地方，但至少迈出了超越自我的第一步。这背后有很多人需要我一一表示最诚挚的谢意。

感谢为本书做推荐的刘桂明教授。刘教授在律师界可谓家喻户晓的人物。江平教授对他的评价是：“桂明有三勤，勤于笔耕，勤于思索，勤于求新”。刘教授曾任《中国律师》杂志总编、中国律师论坛秘书长，多年以来为律师行业的发展倾注了大量心血，深受全国律师的喜爱，是广大律师最贴心的好朋友。刘教授真诚热心，乐于助人，曾给很多作者写序荐书，对他而言这是立文立德的一件大事，我也有幸成了受益者之一。

感谢为本书做推荐的时建中副校长。作为副校长，他无私奋斗在为法大学子服务的第一线；作为老师，他在言行、思想意识等各个方面都给学生以积极向上的引导，以身作则、率先垂范，以高尚的人格魅力赢得了学生的敬仰，以精湛的业务知识、高超的教育教学能力、开放的胸怀视野和乐学善学的态度，始终站在知识发展的前沿，在反垄断法及相关领域不断取得新的成绩；时教授还积极参与社会服务活动，在自己的专业领域内，积极为社会做出自己的贡献。

感谢为本书做推荐的冯晓青教授。冯教授可谓勤奋治学的典范，其本科并非法学专业，在兴趣的指引下，并怀揣着填补我国知识产权法律空白的理想，几十年如一日，矢志不渝潜心研究，现已成为我国知识产权法学界的巨擘，树立了自己的标杆，其思想和著作有着广泛的影响力。现在，我国与发达国家在知识产权法领域的差距在一步步缩小，甚至一些研究成果已有所超越，这和以冯教授为代表的法律人的不懈努力是分不开的。

感谢为本书作推荐的蒋大兴教授。蒋教授是商法学界响当当的人物，多年来深耕不辍，刻苦钻研，从邵阳中院到南京大学，再到北京大学，一步一步走向法学界的巅峰，取得了斐然成绩，获得了多项殊荣，对我也提供了许多学习上的指导。尤其在钱端升法学研究成果奖的评选当中，蒋教授力压各路群雄，勇夺第一名，在世人面前展现了他的非凡功力。

感谢为本书做推荐的十年砍柴老师。他博览群书，学识超群，在人文社科领域有着斐然的研究成果，对于古今中外诸多事件的缜密分析，令人拍案叫绝，深受大众喜爱。十年砍柴久居繁华都市，仍保留着浓厚的乡土气质，在书斋中不断求索，看似遥远、枯燥的乡情乡史，都在他细腻的笔下变得柔情肆意、温暖人心。要想故乡文化不再褪色甚至走向消亡，就需要他这样的学者去默默坚守、传承。

感谢为本书做推荐的唐未德董事长，他是我的同乡。在经历了第一次高考失败的打击后，他没有放弃，而是在逆境中绝地反击。从北京邮电大学毕业后，凭借自己雷厉风行的驱动力和高超的市场洞察力，不断开拓探索，缔造了纽曼的辉煌。唐师兄还作为北京邵阳学生工作组的组长，在繁忙的工作之余不断对学生们施以援助之力，并且带头组建邵阳学联，让在北京求学的家乡学子即使离家千里，也不会孤单，时刻感受到家的温暖。

感谢为本书做推荐的江锋涛主任。他是我的学长，他的经历堪称律师界的一段传奇。2010 年，江师兄白手起家，创立北京恒都律师事务所。恒都敢为人先地开创了高度精细化的团队分工，从成立第一年律所收入仅 200 万元，到如今一年创收突破 3 亿，获得了《亚洲法律事务》（ALB）“领先律师事务所”等 64 项荣誉，其本人获得了钱伯斯亚太地区领先律师等多项个人荣誉。江师兄不仅是一位杰出的企业家，而且热心公益事业，心系年轻人的培育，在北京大学法学院设立奖学金，并为母校学子建立了专业教学实习基地，为年轻人的成长提供了绝佳的机会。

感谢母校人民大学，感谢杨立新教授、龙翼飞教授、孙若军教授、史彤彪教授、朱虎教授、姚海放教授、熊丙万教授等授业恩师，你们用高超的智慧才学和生动有趣的授课方式为学生们传道授业解惑，让我们得到了很多知识和做人的道理。感谢母校的出版社——中国人民大学出版社，我找到人大出版社之后，本来已把出版之事定妥，但后来出版社的领导们考虑到本社是以出版专业教材和学术著作为优势的出版社，对于通俗类书籍的推广并非强项，因此将我介绍给了更擅长做通俗类书籍的台海出版社。尤其是人大出版社的资深编辑方明老师，认真阅读了我的书稿，提出了很好的修改意见。作为人民大学的一员，是一件多么自豪的事情啊。

感谢台海出版社，感谢出版社的编辑老师们，你们认真负责的态度是我的作品得以顺利出版的关键。

感谢我的家人、同事对我无微不至的关怀。

感谢每一位读者朋友，愿你们有一个灿烂的前程，愿你们有情人终成眷属，愿你们在尘世获得幸福。

杨真